「通古察今」系列丛书

如何认识唐宋城市社会变革

陈涛 宁欣 著

河南人民出版社

图书在版编目(CIP)数据

如何认识唐宋城市社会变革 / 陈涛,宁欣著. —郑州：河南人民出版社,2019.12(2024.5重印)
("通古察今"系列丛书)
ISBN 978-7-215-12096-9

Ⅰ.①如… Ⅱ.①陈… ②宁… Ⅲ.①城市-社会发展史-研究-中国-唐宋时期 Ⅳ.①K240.7

中国版本图书馆 CIP 数据核字(2019)第 273237 号

河南人民出版社 出版发行

(地址:郑州市郑东新区祥盛街27号 邮政编码:450016 电话:0371-65788077)
新华书店经销　　　　　永清县晔盛亚胶印有限公司印刷
开本　787毫米×1092毫米　1/32　　印张　8.25
字数　115千字
2019年12月第1版　　　　　2024年5月第3次印刷

定价:58.00元

"通古察今"系列丛书编辑委员会

顾　问　刘家和　瞿林东　郑师渠　晁福林
主　任　杨共乐
副主任　李　帆
委　员　(按姓氏拼音排序)
　　　　安　然　陈　涛　董立河　杜水生　郭家宏
　　　　侯树栋　黄国辉　姜海军　李　渊　刘林海
　　　　罗新慧　毛瑞方　宁　欣　庞冠群　吴　琼
　　　　张　皓　张建华　张　升　张　越　赵　贞
　　　　郑　林　周文玖

序　言

在北京师范大学的百余年发展历程中，历史学科始终占有重要地位。经过几代人的不懈努力，今天的北京师范大学历史学院业已成为史学研究的重要基地，是国家首批博士学位一级学科授予权单位，拥有国家重点学科、博士后流动站、教育部人文社会科学重点研究基地等一系列学术平台，综合实力居全国高校历史学科前列。目前被列入国家一流大学一流学科建设行列，正在向世界一流学科迈进。在教学方面，历史学院的课程改革、教材编纂、教书育人，都取得了显著的成绩，曾荣获国家教学改革成果一等奖。在科学研究方面，同样取得了令人瞩目的成就，在出版了由白寿彝教授任总主编、被学术界誉为"20世纪中国史学的压轴之作"的多卷本《中国通史》后，一批底蕴深厚、质量高超的学术论著相继问世，如八卷本《中国文化发展史》、二十卷本"中国古代社会和政治研究丛书"、三卷本《清代理学史》、五卷本《历史文化认同与中国统一多民族国家》、二十三卷本《陈垣全集》，以及《历史视野下的中华民族精神》《中西古代历史、史学与理论比较研究》《上博简〈诗论〉研究》等，这些著作皆声誉卓著，在学界产生较大影响，得到同行普遍好评。

除上述著作外，历史学院的教师们潜心学术，以探索精神攻关，又陆续取得了众多具有原创性的成果，在历史学各分支学科的研究上连创佳绩，始终处在学科前沿。为了集中展示历史学院的这些探索性成果，我们组织编写了这套"通古察今"系列丛书。丛书所收著作多以问题为导向，集中解决古今中外历史上值得关注的重要学术问题，篇幅虽小，然问题意识明显，学术视野尤为开阔。希冀它的出版，在促进北京师范大学历史学科更好发展的同时，为学术界乃至全社会贡献一批真正立得住的学术佳作。

当然，作为探索性的系列丛书，不成熟乃至疏漏之处在所难免，还望学界同人不吝赐教。

北京师范大学历史学院
北京师范大学史学理论与史学史研究中心
北京师范大学"通古察今"系列丛书编辑委员会
2019 年 1 月

目　录

前　言 \ 1

一、唐宋城市社会变革研究的萌生 \ 6

二、唐宋城市社会变革研究的开拓 \ 9

三、唐宋城市社会变革研究的典范 \ 21

四、唐宋城市社会变革研究视野的扩大 \ 33

五、唐宋城市社会变革研究的深化 \ 43

　　（一）"中世纪城市革命"抑或"唐宋城市革命"或"宋代城市革命"的提出 \ 43

　　（二）城市规划的研究 \ 54

　　（三）城市形态与地域空间的研究 \ 60

1

（四）城市结构的研究 \ 80

（五）政治空间的研究 \ 88

（六）社会空间的研究 \ 90

（七）政治变革角度的研究 \ 93

（八）多视角综合的研究 \ 95

六、唐宋城市社会变革研究内容的细化 \ 104

（一）城市类型与等级的研究 \ 104

（二）城市人口与阶层的研究 \ 112

（三）城市经济的研究 \ 127

（四）城市组织的研究 \ 144

（五）城市交通的研究 \ 150

（六）城市建筑与景观的研究 \ 154

（七）城市社会生活的研究 \ 161

（八）城市医疗卫生与社会保障的研究 \ 173

（九）城市文化的研究 \ 181

（十）城市生态环境与城市灾害的研究 \ 191

（十一）城市管理的研究 \ 203

七、唐宋城市社会变革研究的趋向 \ 216

主要参考资料 \ 224

后　记 \ 251

前言

城市史学作为一门新兴的史学分支学科在西方兴起。自20世纪80年代以来，我国的城市史研究逐渐发展起来，尤其是近些年来，发展明显加快。甚至有的学者倡言，城市史的研究是21世纪中国历史学的重要使命[1]。总结中国城市史——特别是社会转型期——的已有研究成果，对于开创新的研究格局，十分必要。

唐宋时期抑或唐宋之际的中国社会曾经发生了重要变革，这是中外史学界比较公认的看法。虽然大多数意见认为，唐代经济、政治、军事及文化方面发生的重大变化，是中国封建社会从前期向后期转变的标

---

[1] 参见张冠增《城市史的研究——21世纪历史学的重要使命》，《神州学人》1994年第12期。

志，但是也有人主张把这种变革放在唐宋之际。尽管个别学者否认唐宋之际变革说，但是又肯定陈寅恪《论韩愈》[1]中说的唐代前期结束了南北朝相承的旧局面，唐代后期开启了赵宋以降的新局面的看法。前两种观点虽然有细微的差别，但如果把唐代后期的变化看成一个比较长期的过程则基本上是一致的。[2]

城市变化在唐宋时期社会变革中具有至关重要的意义。[3]从城市发展阶段来看：秦汉时期以宫殿城池为城市主体，隋唐时期以坊市制度为主要标志，宋代以后以坊市合一、临街设店为显著特征；从中国都城史角度来看：中国都城在两宋时期开始由中原型向近海型转移；从城市规模来看：以隋唐两宋时期为界限，中国传统城市规模达到顶峰，城市人口达到一二百万；从城市布局和分布重心来看：唐宋时期城市重心发生了由北向南的转移；从城市观念来看：宋代以后，突破墙的观念界限，城市圈扩大，形成大都市的发展模

---

[1] 陈寅恪：《论韩愈》，见《金明馆丛稿初编》，上海古籍出版社，1980年。
[2] 参见张国刚《二十世纪隋唐五代史研究的回顾与展望》，《历史研究》2001年第2期。
[3] 参见宁欣《唐宋城市经济社会变迁的思考》，《河南师范大学学报》（哲学社会科学版）2006年第1期。

前 言

式,南方市镇、草市的兴起,已经冲破围墙的桎梏;从城市人口构成来看:从唐代后期开始,市民阶层逐渐兴起,城市工商业人口比重加大;从城市文化结构来看:市民文化成为宋代以后城市文化的主流或主导,宋代以后新兴的文学艺术——说话、话本、元曲、杂剧、小说、曲艺、戏剧,更多的是因市民的需要而产生和发展的,包括城居的士大夫阶层,他们与市民阶层的精神文化需求趋同层面也不断扩大。[1]

在中国古代城市发展史上,关键的社会转型期莫过于唐宋时代。考古学者绘制的唐代长安城地图所表现的规整有序,与北宋末年张择端创作的《清明上河图》所反映的鼎沸市声恍若可闻的城市景观,无疑向我们展示着城市的跨越性发展,是唐宋之间社会转轨过程中最显眼的现象。[2]

自20世纪初叶以来,中国城市史研究历经几代学人的不懈探求获得了相当成就,尤其自改革开放以

---

[1] 参见宁欣《唐宋都城社会结构研究:对城市经济与社会的关注》,商务印书馆,2009年,第1—2页;《唐史识浅录》,北京师范大学出版社,2016年,第3—4页。

[2] 参见包伟民《唐宋城市研究学术史批判》,《人文杂志》2013年第1期;《宋代城市研究》,中华书局,2014年,第1—41页。

来,研究成果蔚为大观[1]。我们在宏观把握与微观分析

---

[1] 专论或涉及中国古代城市史的研究综述不少,如有:曲英杰:《近年来中国古代城市问题研究综述》,《中国史研究动态》1985年第7期;张东刚:《近年来中国古代城市研究综述》,《历史教学》1990年第5期;曲英杰:《近年来古代城市研究综述》,《中国史研究动态》1990年第9期;朱士光:《八年来中国古都学研究概述》,《中国史研究动态》1991年第5期;曲英杰:《近年来中国古代城市研究的新进展》,《中国史研究动态》1996年第2期;吴铮强:《中国古代市民史研究述评》,《云南社会科学》2003年第1期;〔日〕中村圭尔、辛德勇编《中日古代城市研究》,中国社会科学出版社,2004年;张萍:《近十年来大陸學者有關中國古代城市史的研究(1997年—2006年)》,〔日〕《中國史學》第17卷,朋友書店,2007年;成一农:《中国古代城市城墙史研究综述》,《中国史研究动态》2007年第1期;熊月之、张生:《中国城市史研究综述(1986—2006)》,《史林》2008年第1期;成一农:《中国古代地方城市形态研究现状评述》,《中国史研究》2010年第1期;王卫平、董佳:《江南城市史研究的回顾与思考(1979—2009)》,《苏州大学学报》(哲学社会科学版)2010年第4期;等等。关于唐宋城市史的研究综论,如有:〔日〕木田知生:《关于宋代城市研究的诸问题——以国都开封为中心》,冯佐哲译,《河南师大学报》1980年第2期;冻国栋:《二十世纪唐代商业史研究述评》,见胡戟等主编《二十世纪唐研究》,中国社会科学出版社,2002年,第471—498页,又见冻国栋《中国中古经济与社会史论稿》,湖北教育出版社,2005年,第513—572页;何海燕:《近二十余年来中国汉唐城市地理研究概述》,见〔日〕中村圭尔、辛德勇编《中日古代城市研究》,第58—83页;〔日〕平田茂树:《宋代城市研究的现状与课题——从宋代政治空间研究的角度考察》,见〔日〕中村圭尔、辛德勇编《中日古代城市研究》,第107—127页;吴松弟:《大陸中国における宋代都市史研究回顧》,〔日〕《大阪市立大學東洋史論叢》第14号,2005年;杨贞莉:《近二十五年来宋代城市史研究回顾(1980—2005)》,《台湾师大历史学报》第35期,

的基础上,综理和思考百年学术发展史,不求面面俱到,只是通过对重要论题进行简略追溯,希望在研究中建立自我批判的自觉,对今后进一步推动唐宋城市社会变革的研究有所裨益。

2006年;吴松弟:《中国大陆宋代城市史研究回顾(1949—2003)》,《宋史研究通讯》2009年第1期;宁欣、陈涛:《唐宋城市社会变革研究的缘起与思考》,《中国史研究》2010年第1期;宁欣、陈涛:《"中世纪城市革命"论说的提出和意义——基于唐宋变革论的考察》,《史学理论研究》2010年第1期;宁欣、陈涛:《唐宋城市社会变革研究的缘起与历程》,见李华瑞主编《"唐宋变革"论的由来与发展》,天津古籍出版社,2010年,第293—357页;姚永辉:《城市史视野下的南宋临安研究(1920—2013)》,《史林》2014年第5期;冯兵:《二十世纪以来隋唐五代城市史研究的回顾与思考》,《云梦学刊》2016年第5期;刘未:《南宋临安城研究史》,见包伟民主编《中国城市史研究论文集》,杭州出版社,2016年,第212—217页;徐吉军:《南宋临安文化的成就与研究综述》,见包伟民主编《中国城市史研究论文集》,第394—411页;等等。日本学者妹尾达彦于20世纪90年代编《唐代长安城关系论著目录稿》,荣新江于2003年再作修订,编《关于唐代长安的研究目录新编》,收录的绝大部分是20世纪80年代以后的研究论著。据此,有关长安的论著,已经达到近千篇(部)。

一、唐宋城市社会变革研究的萌生

内藤湖南（1866—1934）通过统览中国历史的全局、考察中国历史的潜运默移、疏理三千年来中国的纷繁史实，着重举出了唐代和宋代的显著差异，并强调发生在这一时期的政治制度、社会结构、经济发展、学术文艺等各个方面的变革体现了中国历史上的关键性转变，而唐宋之际正是这一转变的契机。内藤湖南将这一源自宏观视野的概括称作"唐宋时代观"[1]，而人们通常称之为"唐宋变革说"。"唐宋变革说作为假说或学说，经过时代的检验，具体的内容有所改动，一些史实的诠释得到订正，但是，作为一种范式，仍在

---

[1] 〔日〕内藤湖南：《概括的唐宋时代观》，黄约瑟译，见刘俊文主编《日本学者研究中国史论著选译》第1卷《通论》，中华书局，1992年，第10—18页。

持续为人们研究和阐释中国历史提供丰富的启示,推动学界进一步探讨唐宋变革期、宋史本身以及宋元以后的历史变革。"[1]

随着"唐宋变革"说的论旨上升到思辨层次,它也带动了学者研究的课题意识。尽管有的学者着手的课题细腻具体,但思路反而随着研究的深入而更加开阔。如今变革观正在延展空间和时间双维,时间范围逐渐扩大考察宋元以后,空间范围逐渐扩大及于当时的中心之外的边远地区。近些年,在我国史学出版物中,探讨唐宋之际历史变革的文章和专著也显见地多了起来。其中对经济史、社会史、思想史等方面的长时段的研究,更加明显地表现出跨越唐宋朝代界限的趋势。[2]

内藤湖南之后,宫崎市定(1901—1995)对"唐宋变革"说展开充分的论证。在经济方面,内藤湖南认为,唐代货币使用量不多,纺织品和陶瓷等产量不多,主

---

[1] 参见张广达《内藤湖南的唐宋变革说及其影响》,见荣新江主编《唐研究》第11卷,北京大学出版社,2005年,第5—72页。
[2] 参见张广达《内藤湖南的唐宋变革说及其影响》,见荣新江主编《唐研究》第11卷,第5—72页。

要供应上层社会；而宋代是货币经济、空前的铜钱经济，而纸钞和银的使用量也越来越大，纺织品和陶瓷等产量大增，流入百姓之家。1950年10月，宫崎市定刊布《东洋的近世》[1]，在此书中补充了内藤说在经济方面论据之不足，相当全面地列举了宋代作为中国近世社会的特征：倾向资本主义，如大土地经营，产品加速区域化、专门化和商业化（市场化），也更为普及，并走向近世资本主义的大企业经营；土地本身亦市场化，成为投资对象；商人阶层兴起；城市商业化，累积大量财富；坊市制消失，草市镇市等贸易点沿着水陆交通要道兴起；农村进入交换经济，与城市和商业密不可分；北宋的经济仍以运河为中心，南宋则同时以运河和海道（海外贸易）为中心；煤的大量使用，无疑是燃料革命；铁亦大量使用。[2]

如果说内藤湖南的"变革说"具有把握时代宏观的指导意义，那么宫崎市定的研究已经涉及了唐宋时期城市变革的社会特征及具体层面。

---

[1]〔日〕宫崎市定：《東洋の近世》，教育タイムス社，1950年。
[2]〔日〕宫崎市定：《东洋的近世》，黄约瑟译，见刘俊文主编《日本学者研究中国史论著选译》第1卷《通论》，第153—241页。

二、唐宋城市社会变革研究的开拓

实际上，在"唐宋变革"的争论中，最早真正对由唐至宋的城市变革进行系列研究并取得很大成就的是加藤繁。氏著《宋代都市的发展》《唐宋时代的市》《关于唐宋的草市》《唐宋时代的草市及其发展》《论唐宋时代的商业组织"行"并及清代的会馆》(《中国经济史考证》第1卷[1]所收)等对唐宋时期坊市制的崩溃、草市的发展及商业组织的"行"等问题都作了开拓性的研究。

关于坊制崩溃问题的研究。加藤繁《宋代都市的发展》[2]追溯了唐代及其以前坊的构造情形。作者指出，

---

[1]〔日〕加藤繁：《中国经济史考证》第1卷，吴杰译，商务印书馆，1959年。
[2]〔日〕加藤繁：《中国经济史考证》第1卷，吴杰译，第239—277页。

如何认识唐宋城市社会变革

唐代曾经在长安、洛阳以及各州县开设坊制；都城长安的皇城南三十六坊，每坊各有东西两门，其他七十余坊，各有东西南北四门；坊内除了联络东西南北各门的道路以外，还有若干条道路，这些道路，好像就叫作"曲"；坊的周围，除坊门外，都围着墙，只有特定的人被准许凿开墙头，向外面的大街，开设私门。唐代的坊制，在宋代初年也还存在着，到宋真宗天禧年间（1017—1021）仍是如此。而坊的制度——就是用墙把坊围起来，除了特定的高官等以外，不许向街路开门的制度——到了北宋末年就已经完全崩溃，庶人也可以任意面街造屋开门。加藤繁在谈到唐代以来坊的制度崩溃的同时，也指出坊的名称不一定就此消灭，并推测唐代的坊门上都挂着匾额，揭示坊名，这种门就造在坊的四面（或者两面）。坊门就造在坊的进口处，从大街进入坊内小巷的地方；大街上没有坊门，只有城门是当着大街建筑的。所以，坊表不是在坊门的原址上建立起来的，它是在坊制崩溃以后，独立地新建的东西。作者认为，坊制既经崩溃，坊的意义同时也起了变化，变成指街路或者指街路上所立的坊表而言，而作为街路名称的坊名，实际上又被因著名建

二、唐宋城市社会变革研究的开拓

筑物等而得名的通俗的街巷名称所压倒，也不大通行；因此，与其说坊表是街路的标识，不如说它已经主要成为旌表孝子、节妇、名士、俊才等，并且增加街路的美观的东西了。关于坊制在宋代什么时候崩溃，加藤繁提出可以参考街鼓制度来断定。因为，唐代无论都鄙，在日没和天明时开闭坊门；在长安、洛阳等地，那时特别要击鼓。宋代开封的街鼓制度，从开国以来到仁宗的中期还继续存在，以后就废掉了，到神宗的熙宁年间（1068—1077）已经完全不用了。街鼓制度，也就是随着街鼓而开闭坊门的制度。坊制既经破坏，在坊的周围住家已经谁都可以朝街开门，那么，坊门的开闭已经没有以前那样的重要意义，因此，开闭也没有一定的规则，这样，街鼓的制度也自然只有废弛下去了。因而，坊制的崩溃和街鼓的废弛是同时发生的。具体而言，仁宗中期以后不闻街鼓之声的时期，同时就是坊制崩溃的时期。在坊制崩溃后不久，就发生了在街上建立坊表，标示坊名，以代替原来坊门的标榜的事。此外，随着坊制的崩溃，在管理制度上，宋代实行厢制，以应对都市人口的增加、都市地域的扩大。

如何认识唐宋城市社会变革

关于市制崩溃问题的研究。加藤繁《宋代都市的发展》《唐宋时代的市》[1]提出市的制度,从秦汉到唐代,大体上没有造成显著的变化,而到宋代,市的制度崩溃,形成了新的市场制度。因为自古以来,商店至少在原则上是要设在市内的,在唐代也是一样。在唐代,两京及各州治,设有东市、西市、南市、北市等,县治也设县市,但这些市是限定的商业区域。就是说,它的区域是一定的,原则上,规定商店应该设在这里,而在市内,商店根据它所买卖的商品的种类各聚一团,称为行。所以是同业商店聚而为行,行聚而成市的情况。并且,市内除了商店以外,也有仓库。市的一切营业,规定日出时坊市之门一开就同时开始,日没,坊市之门一锁就同时停止。从北宋仁宗时起,坊的制度废止了,因此,商店就移到街头,面临大街营业,这就是说,北宋中期以后,对于商业的场所和时间的限制已经撤除。商店各个独立地随处设立于都城内外,而行的制度也还在相当程度上维持着,以前存在于市的内部的同业商店的街区,到处看到超越它

---

[1] 〔日〕加藤繁:《中国经济史考证》第1卷,吴杰译,第278—303页。

的旧的限界。定期市在同业商店的街区以及交通便利的河畔、桥畔等处繁盛地举行。利用寺观或其他地方一旬举行几次或一年举行几次的定期市也时常举行。仓库也随着方便,自由设置。

关于草市及其发展问题的研究。加藤繁《关于唐宋的草市》《唐宋时代的草市及其发展》[1]提出草市见于东晋以来的文献,它的最初的意义似乎是草料的市,因为草料市通常在州县治的城外,最后却把城外的市井,不问远近,都叫作草市,草市似乎也可以解释为粗率的市的意思。随着唐代到宋代交通贸易的发展,都会也发展起来。草市大概就是随着这种都会发展的趋势而扩展起来的。因此,对于研究当时的经济情况、社会情况,草市是难以忽视的对象之一。也可以这样理解,在唐代,把州县治城内限定的商业区域称为市,在这里施行所谓"市"的特殊制度,而城外的小商业地区不适用"市"的制度,从而不公开称为市,而称为草市。在宋代,出现了很多叫作镇和市的小工商业都市,开启了地方制度上的新纪元,而这种镇和

---

[1]〔日〕加藤繁:《中国经济史考证》第1卷,吴杰译,第310—336页。

市，应该认为是从草市发展起来的。唐宋时代，所谓村墟乡落之间，在圩市、市集等名称下，举行定期市，在地方住民的生产品和都市的商品之间发生交换的作用，应该认为这种稍稍繁盛的定期市是在草市、镇市举行的。在宋代，作为商业区域的"市"的制度崩溃了，同时，"坊"的制度也破坏了，商店可以在都城内到处临街开设，不分昼夜地营业，都市的商业无论在场所上，还是在时间上，都没有了限制。在都城内发生了这样的变化，而同时在都城外面，也就是在乡间，草市发展起来，产生了叫做镇市的小都市，展开了新局面。至于在宋代，为什么出现了这么多的镇市？作者认为，一面应该参照都城内部的变化发展，一面应该结合当代国内和平的持续、人口的增加、耕地的增加、农产物的增值、手工业的变化、交通商业的发展、外国贸易的发展等加以考察。

关于商业组织"行"的问题的研究。加藤繁《论唐宋时代的商业组织"行"并及清代的会馆》[1]提出，在唐宋时代，同业商人组织，叫做"行"，而"行"这一

---

[1] 〔日〕加藤繁：《中国经济史考证》第 1 卷，吴杰译，第 337—369 页。

二、唐宋城市社会变革研究的开拓

个词,同时又指同业商店的街区而言。然而,因为同业商人的组织似乎胚胎于同业商店的街区,照着顺序,必须先从同业商店街区的行说起。同业商店集合在一起,形成街区的习惯,似乎从很古的时候就已经有了。在唐代,商店根据它的种类集合在一起,成为一团,把它叫做行,因此,当时中央地方的各个都市中的市,就是由好多的行形成的。在唐代,行也可以用市这一个词来表现。换句话说,市这一个词,除了指商业区域而外,在有的场合,也指商业区域中的行。宋代是把卖者买者定时集合、进行商品交易的场所——定期市——称为行、市或者团的。定期市所以称为行、市等,是根据唐以来就在同业商店的街区(即行)开市的事实的;就是在宋代,定期市在同业商店的街区开市的事实也很多。然而,定期市却不一定限于在同业商店的街区开市。这和市的制度的崩溃有关系。规定叫做"市"的商业区域,把商店专设于这个地方的制度,到了唐代末期,已经松弛颓废,而到北宋中期以后,就完全崩溃。其结果,商店分布的情况可分为两种:一种是种种的商店毫无限制地任意开设,还有一种,同业的商店虽然脱离了叫做"市"的商业区域的拘束，但还是集合而成街区，散在都市内的各个地方。定期市在同业商店的街区开市，是后一种场合的事情；在前一种场合——就是同业商店散在各处的场合，就选择交通方便的河畔、桥头、城门内外等地方开市，而不管在什么地方开市，它都叫做行、市或者团。行，是同业商店的街区，但是，在唐代末期，那里不是严格地只许设置同业的商店，也有一些其他的店铺存在。到了宋代，市的制度完全崩溃，因此，行的制度也发生了变化，而同业商店集合成为街区的方式，在某种程度上，还是存在，这种街区，就叫做行或者市。在行内开设店铺的同业商店，自己也形成一种组织，它的组织也称为行。而属于这种组织的商人，叫做行人、行商、行户，等等。在宋代，似乎同业的商人不是都属于它的行（组织）的。换句话说，似乎贫乏的小商人不一定入行，属于行的，主要是中等以上的商人。作为行的首长，设有称为行头或行首、行老等的人物。这种人，起初也是同业商店街区的首长，同时大约也是它的组织的首长，在市的制度崩溃以后，就主要作为同业商店组织的首长而出现了。宋代，同业商人组织的行应该接受官府的要求，筹办所需的用品，属于

二、唐宋城市社会变革研究的开拓

行的商人顺次担当供应需用品的任务。这任务称为行役。行役的制度，恐怕起源于唐末五代，到宋代更加发达起来。唐代的商业主要是在市——就是限定的商业区域——内进行。这样看就是市独占商业的一种制度。从而，必须认识到，各种商业大体上都被市内各同业商店街区营业的同业商店所独占。这是市的制度当然的结果，不是同业组织的力量。然而自从唐代中叶以来，市的制度逐渐废弛，到了北宋中叶以后，就完全崩溃，虽然某种商店还依照行（同业商店的街区）的形式设置，但是设在行以外的，行内杂设其他商店的，也不在少数，总之，商店的开设，几乎没有限制。这时候，行人的商业独占权，濒于崩溃的危机，这是不会错的。而被这种形势所刺激，行的组织的团结加强起来了，虽然市废掉了，同业商店的街区也废掉了，但是行人等依靠着同业组织的行的力量，努力维持他们的独占权，而大体上达到了他们的目的。因此，从唐代中叶以后到北宋中叶以后市制崩溃的时代，同时也是商业组织的行发展的时代。作者认为，行役制度起源于唐末五代，到了北宋，更加发展起来。行役就是政府作为承认行的营业独占权的继续的代价向行提出的要求。行役的发展时代，大体上是和商业组织的行发展强化的时代并行的。

除上所述，加藤繁还在《宋代都市的发展》中对唐宋时期城市中出现的其他重要现象作了探讨。作者认为，瓦子作为演艺场所，它的发展成长，是宋代的事情，唐代在长安等处，还看不到瓦子存在的形迹。在唐代，以大众为对象的演戏，只是在市、寺院和道路上演出，此外，没有演戏专用的地域。可是，到了宋代，虽然路头的艺人也还继续存在，也偶而有在寺院里演戏的，但是已经设置了叫做瓦子的戏场的地区，已经建设起许多广大的戏场，这种特殊的戏场地区的设置，不能不说是在宋代才开始出现的事情。唐代长安，坊里偶尔设有酒楼，并且，似乎在东西市里也有若干的酒楼存在。可是，因为当时坊制已略有废弛，还可以维持下去，所以，这些酒楼都设在坊的内部，不是朝着大街、露头露面地建立起来的。酒楼向大街上发展，甚至设在皇城南面的大街上，连街名也由酒楼来定名，这些情况是宋代才发生的现象。更不用说，就是在宋代，这种情况也是在坊制崩溃后才发生起来的。当时都市制度上的种种限制已经除掉，居

二、唐宋城市社会变革研究的开拓

民的生活已经颇为自由、放纵，过着享乐的日子。这种变化，是由于都市人口的增加，它的交通商业的繁盛，它的财富的增大，居民的种种欲望强烈起来的缘故。同时，作者也指出，对于这些变化的原因还必须充分研究，对于这种变化和政治、军事、文学、美术等的关系，也必须加以考察。

从今天的角度来看，加藤繁的研究至少有以下几个方面的建树和新认识：

一是从城市制度层面提出坊市制向厢制的转化[1]，二是分析了草市的发展带来的市场分布及形态的新格局，三是对商业组织内部变化的研究为后学者揭示了它与城市结构变化的关系，四是对城市市民生活变化的研究，带动了我们思考城市社会消费结构的终端问题。加藤繁的综合性系列研究为我们认识唐宋时期城市变化提供了新的思路和观点，也给我们提供了若干研究的新境界和新领域。

继加藤繁之后，日本学界对唐宋城市的研究成果主要有日野开三郎的《唐代邸店的研究》正续篇、佐

---

[1] 学界围绕这一变化展开的研究此后又有新的进展和新的提法，如厢坊制、街市制、街隅制等。

藤武繁的《唐代的市制与行——主要以长安为中心》(《东洋史研究》第25卷，第3号)、宫崎市定的《汉代的里制与唐宋的坊制》(《东洋史研究》第21卷，第3号)、斯波义信的《宋代商业史研究》、曾我部静雄的《中国及古代日本乡村形态的变迁》(1963年)、梅原郁的《宋代的开封与城市制度》(《鹰陵史学》3、4号合刊)，等等。[1]应该说，在加藤繁研究的影响下，城市研究的基础不断被拓宽，虽然加藤繁的有些观点后来不断被修正，但他的研究对此后陆续发表的有关唐宋时代城市的各种研究的开拓、启迪作用是不言而喻的。

---

[1] 参见〔日〕木田知生《关于宋代城市研究的诸问题——以国都开封为中心》，冯佐哲译，《河南师大学报》(社会科学版) 1980 年第 2 期，第 42—48 页。

三、唐宋城市社会变革研究的典范

　　城市变革是唐宋社会变化的重要组成部分。在中国传统城市变革过程中,都城的变化是最引人注目的,并且最具典型意义。中国学术界在20世纪80年代以后全面展开对城市史的研究。有代表性的、系统的研究当数杨宽,他选择了最具典型性的都城作为研究重点。

　　氏著《中国古代都城制度史研究》[1],通过结合文献资料和考古资料,对宫城、坊郭、城门、市场、街道等城市建筑与都城制度进行了开创性研究。作者认为,首先应该重视的,是"城""郭"相联结布局的发

---

[1] 杨宽:《中国古代都城制度史研究》,上海古籍出版社,1993年;《中国古代都城制度史》,上海人民出版社,2006年;《中国古代都城制度史研究》,上海人民出版社,2016年。

展变化和"郭"内居民所住的坊里以及市的发展变化。至于营建宫殿的"城"内布局结构，还是次要的。从整个都城制度发展历史来看，可以分为前后两大阶段：前一阶段从先秦到唐代，是封闭式都城制度时期；后一阶段从北宋到明清，是开放式都城制度时期。

所谓封闭都城制度，主要指的是郭内存在封闭式的居民"坊里"制度和集中贸易的"市"的制度。先秦到唐代这个实行封闭式都城制度的历史阶段，还可以按城郭联结的不同布局划分为三个时期：即商代是有城无郭的时期；从西周到西汉是西城联结东郭的时期；从东汉到唐代是东西南三面郭区环抱中央北部城区的时期。尤其是西汉和东汉之际，都城制度发生了一次重大变化，整个都城的造向由"坐西朝东"变为"坐北朝南"，由西城联结东郭或西南城连结东北郭的布局，变为东西南三面郭区环抱中央北部城区的布局。后来魏晋以及北魏的洛阳都沿用东汉的布局，只是作了进一步的发展。北魏洛阳废弃南北二宫的结构，只保留北宫，并在宫门以前建设两侧整齐排列官署的中轴线。到唐代长安建成贯穿皇城和郭城的南北向中轴线，出现东西两面郭区对称的街道、坊市的棋盘格式布局，

三、唐宋城市社会变革研究的典范

这都是东汉都城"坐北朝南"布局进一步发展的结果。

作者认为,纵观中国古代都城规划的历史,都城布局有三次重大的发展变化:从西周到春秋战国时期都城由一个"城"发展为"城"和"郭"连结的结构;从西汉到东汉,都城布局从坐西朝东转变为坐北朝南;从魏晋南北朝到隋唐,从坐北朝南发展为东西对称、南北向的中轴线布局。唐以前都城布局的三次重大变化,说明了棋盘格式的对称的中轴线布局的逐渐形成过程。它之所以会发生如此三次变化和形成这种中轴线布局,是和当时政府所用礼制发生变革有关,特别是和举行万人以上的大朝会的礼制有关。因为这种统一王朝每年元旦的大朝会,不仅是为了对皇帝的朝贺和提高朝廷的威严,而且是对全国地方政府一年政绩的总检查和总考核,也还是团结全国上层统治者、巩固全国统一、加强中央集权的一种重要手段。

同时,作者也指出,唐以前的政治家和都城建筑的设计者,为了确保都城内部的安全,加强治安,都主张采用封闭式的结构。随着中央集权的统一王朝的建立,王朝的统治权力逐步高度集中,都城设计者所要求的封闭式结构,就越来越严密。因此,随着都城三次重大变化和棋盘格式中轴线的形成，整个都城的封闭结构就达到整齐严密的高峰。唐以前的都城，由一道道、一重重墙垣组成骨架，不仅四周有"城"和"郭"的建设，具有封闭整个城郭和加强防卫警戒的作用，同时城郭以内，所有宫殿、官署、仓库、贵族官僚的府第也都筑有墙垣，连作为居民聚居点的"里"或"坊"和作为商业区的"市"，也建有防卫警戒用的围墙。所有城门、郭门、宫门、官署的门、坊里的门以及市门，都设有大小官吏掌管，驻有警卫人员，早晚要按一定的时间开闭，夜间实行戒严，街上禁止通行，犯禁就要判罪。一般居民的住宅都必须造在坊里之内，一般贸易的商店也只能造在市以内，出入必须经过坊里的门或市门，接受守在门口的官吏的监督和检查。只有高官和特权者所造府第，或者皇帝赏赐的府第，才能向街开门。因此，当时都城的大街上，除了官署、府第的门以外，只有坊里或市的围墙的门，不见有一般居民住宅和商店开设的门。只有进入坊里的门才能找到一般居民住宅，只有进入市门才能看到许多开设的商店。

在唐宋之际，都城制度发生又一次更大的变化，

三、唐宋城市社会变革研究的典范

就是从封闭式变成了开放式。这也是都城布局的第四次重大变化，即唐以前封闭式的（筑有围墙的）市制和坊制的瓦解，代之以水上交通要道上新"行""市"和繁华的"街市"以及大街小巷的结构。这是都城制度的一次重大变革，居民生活方式也跟着发生重大变化。这与当时城市经济的发展和城市居民阶层的抬头活跃有密切关系，也与手工业和商人地位的提高及行会组织的出现和发展有密切关系。

这一重大变化，从唐代晚期开始，经过五代，直到北宋中期才完成，因而到北宋末年的东京，就出现如孟元老《东京梦华录》所记述的和张择端《清明上河图》所描绘的那种情景。酒楼、茶坊以及各种商店都沿街开设，并在巷中开设，甚至桥上都称为市场。卖艺的游艺场也都沿街巷设立。居民众多的小巷也不再相互隔离而直通大街，居民区与商业区往往连成一片，而不再是封闭式的"市"了。"坊"也成为行政上地区的名称，不再是封闭式的居民住宅区域了。造成这一重大变化的原因，主要是经济上的原因。由于都城人口急剧增长，对生活必需品的需求日益增加，原有封闭式的"市"已不可能供应。与此同时，由于社会经济的发展,全国性市场的形成,各种行业的商人联合组织"行"或"市"的成长,使得都城内外、水上交通要道上新的日用商品的"行"或"市"兴起,在这个基础上又逐渐发展成新的"街市",于是"街市"就代替了过去封闭式的"市"。随着"街市"的发展和坊巷中商业交易的开展,大街小巷的交通网逐渐形成,于是大街小巷的结构就代替了过去"街坊"的结构。

在唐、宋之际都城制度发生重大变化的过程中,五代的后周世宗曾作出重大的贡献。五代时,除后唐以外,四代都建都东京(今河南开封)。东京的宫城原是唐代节度使的治所,宫城外围的旧城(后来称为里城)原是唐代汴州的州城,规模较小。后周世宗为了适应当时政治和经济上发展的需要,在原有州城外围加筑一圈外城,亦称"新城"或"罗城",面积比原来州城大四倍,并作出了新规划和新设计,因而使东京变成了新的都城。新的规定是,由官府划分好官署、军营、仓场、街巷所占地段后,"即任百姓营造";而且准许居民沿街道造屋,并占有街道十分之一的宽度面积,用来种树、掘井和搭盖凉棚等,这是适应城市经济新发展的新街道制度;同时为适应商业大发展的

三、唐宋城市社会变革研究的典范

需要和增加都城的壮观,还允许居民在汴河沿岸种榆柳,起建超过礼制规定的邸店和楼阁台榭。北宋东京(开封城)的建设,就是在后周这个新规划的基础上发展起来的。北宋允许居民沿大街建筑超过礼制规定的规格高级的邸店和楼阁;并从外城东、南、西、北四面城门开辟通向里城、宫城的四条"御街",其中南面一条"御街"就具有全城中轴线的性质,于是北宋东京出现宫城、里城和外城一共三重城圈的结构,并形成以宫城为中心的全城四通八达的交通网。后来南宋临安(今浙江杭州)以及辽、金、元、明、清的都城,都沿用这种都城新制度而有所发展。

作者认为,唐宋之际都城制度发生重大变化的原因在于都城人口的急剧增长,广大居民生活必需品的供求日益增加,同时由于社会经济的发展,各种行业商人之联合组织"行"或"市"的成长,沿河近桥或城门口内外出现了许多新的经营日用商品的"行"或"市",逐渐形成以新的"行""市"为中心的街市;同时为适应社会交际需要的酒楼、茶坊也大为发展,逐渐形成以酒楼、茶坊为中心的街市。于是新的行市和街市代替了旧有的封闭式集中的"市"。随着旧有集中

"市"的瓦解、街市的兴起和发展，居民区和商业区交叉存在，逐渐连成一片。大街小巷的交通网也逐渐形成，居民众多的小巷不再相互隔离而直通大街，于是大街小巷畅通的结构代替了旧有的封闭式的街坊结构。正由于上述的种种因素，原有封闭式的都城制度逐渐趋向开放式的都城制度。当然这在唐宋之际是一个比较长期的新陈代谢的过程。

唐宋之际都城制度的这一重要变化，使得都城居民在生活上得到飞跃的进步，从饮食起居到文化娱乐都有了进一步的发展。唐代长安只是"市"上有表演杂戏的和讲小说的，大寺院中有表演歌舞和百戏的剧场；到北宋东京就有六家被称为"瓦子"的游艺场分布于交通要道上。唐代长安只是"市"上有书肆，北宋东京不仅相国寺集市上有专售书籍玩好的场所，而且在相国寺东门大街上也设有许多书铺，书铺业已成立行市，称为"文字行"。同时烹调作为一种技艺大为发展。北宋东京不仅有各种地方性食店，如北食店、南食店、川饭店，而且设有分门别类的各种专门的饮食店，其中著名的店铺出售名菜的不少。到南宋临安时各方面更有进一步的发展，民间讲究诗文、武

三、唐宋城市社会变革研究的典范

艺、技艺和戏曲的社会团体纷纷兴起，城内外瓦子多到二十三所，民间文艺的创作和演出都有很大发展，出版图书的书铺增多，书铺的行市称为"书房"或"文籍书房"。可见都城的发展和变化是和当时社会政治、经济、文化的发展紧密相关的。唐宋之际都城制度的重大变化，对于此后社会经济的发展、都市居民生活的改善起着重大的推动作用。

总的来看，杨宽的都城制度史研究主要有以下几个方面的贡献：

一是考察了礼与城市建设和布局的关系；二是以都城为切入点，探讨了唐宋时期城市由封闭结构向开放结构的转变；三是确定了城市转变的关键时期是在五代后周时期，其中周世宗设定的东京改造和扩建原则对唐宋都城变化具有重大乃至关键性的意义；四是强调了人口的增长对城市尤其是都城发展的促进作用。我们看到此后的研究，很多是对上述问题的拓展。

除杨宽的都城制度史研究而外，史念海等人立足于古都西安，创建"古都学"，从理论上阐述了都城研究对中国古代城市研究的重要性和典范式意义。

中国古都学是在悠久的历史渊源和广阔的学科基

础上建立起来的一门新兴学科。它研究我国历史上所有的都城的形成、发展、萧条以至于破坏的演变过程。通过这样一些演变过程,探索其中的规律,为当前的建设服务。[1]正如史念海先生所言:"研究历史上的都城,不是发思古之幽情,而是为了当前建设的需求。"[2]萧正洪更是提出中国古都学研究要有新视野、新思维,应将历史起点、当代情怀和世界眼光作为三个相互关联的研究基点。"所谓历史起点,是说中国古都学研究应遵循严谨的学术原则,必须基于而不是背离历史的事实。所谓当代情怀,是说我们应当通过对于历史都城的研究,为当代社会与人类文明的进步做出贡献。而世界眼光,则是说,我们需要有一个整体性或系统性的观念,在一个大的背景中评估古都的地位与历史作用,并通过比较研究,准确地说明不同地区的古代

---

[1] 参见史念海《中国古都学刍议》,见中国古都学会编《中国古都研究》第3辑,浙江人民出版社,1987年,第6页;又见史念海《中国古都和文化》,中华书局,1998年,第6页。

[2] 史念海:《中国古都概说》(一),《陕西师大学报》(哲学社会科学版)1990年第1期;又见史念海《中国古都和文化》,第33页。

三、唐宋城市社会变革研究的典范

都城所具有的独特的文化价值与历史意义。"[1]

城市史研究的对象是所有的城市,是泛称的城市;古都学研究的对象是特殊范畴里的城市,是"都城制度的最高形式"的"都城"。古都除具有一般城市的特性之外,还具有显明的历史因素、山川形胜的地理因素,以及代表人类文明智慧的众多的文物遗存因素。[2] 都城通常不仅是全国的政治中心,也有的是地域性的政治中心,还是一个经济都会。都城之内,户口繁多,人物荟萃,因而也就成为文化相当发达的城市。所以,都城应是全国精华所在地,是全国社会的缩影,从这里可以约略看出全国的面貌。[3]

对于都城的研究和探索往往涉及历史、地理、政治、军事、经济、文化、交通、水利、建筑、艺术、考古、历史地理等各门学科。而在这其中,文化是最为重要的。都城文化通过汇集全国各地的文化并吸取域外传

---

[1] 萧正洪:《历史起点、当代情怀和世界眼光——中国古都学研究的新思维》,见中国古都学会编《中国古都研究》第31辑,陕西师范大学出版总社有限公司,2016年,第1页。

[2] 参见朱启銮、夏万年《关于制订古都研究规范的建议》,见中国古都学会编《中国古都研究》第3辑,第39—40页。

[3] 史念海:《中国古都和文化》,序言。

来的文化，经过融合趋向更为高度的发展，并且它又可以转而影响到全国各地，甚至也可以向域外传播。[4] 都城文化作为代表一个时代或一个政权的最高水平的文化，不仅在当时是支撑各个王朝与政权得以存在的内在的精神支柱，而且还是构成国都，乃至全国繁华兴盛气象的重要因素。[5]

古都研究在中国古代城市研究中确实发挥着重要的典范作用，其最大的特色即是强调都城文化的重要性。这一点不仅对城市史研究，而且对其他相关研究都有促进作用。

---

[4] 参见史念海《中国古都和文化》，第327页。
[5] 参见朱士光《中国古都学的形成与当前研究的几个重点问题》，见《中国古都学的研究历程》，中国社会科学出版社，2008年，第34—35页。

四、唐宋城市社会变革研究视野的扩大

随着学者们将研究的视野扩展到城市的方方面面,从都城到地方城市、从大城市到中小城市、从沿海城市到内地城市、从传统城市到新兴市镇都逐渐引起学者们的关注。

斯波义信从社会经济的诸层面进行系统考察,其中对城市研究的量化工作,使我们在缜密的统计数据面前对城市的发展变化又有了新的认识。氏著《宋代江南经济史研究》[1]对江南地区的生态演变、农田水利、经济开发、移民定居、城市发展、社会流动、商业交通、户籍税制等方面进行深入探讨,并依据与宋代府

---

[1] 〔日〕斯波义信:《宋代江南经济史研究》,方健、何忠礼译,江苏人民出版社,2000年。

州县城形态有关的基础资料，进行若干定量分析和历史考察，从而论证宋代长江下游流域城市的特征及其差异的具体情形。作者通过列举有关宋代150余座城市的资料，列出行政等级、城周长、城高、城宽、城门、濠宽、濠深等项的数值进行排比，形成一个有一定数量足以比较分析的数据库，在数据库的基础上，归纳和总结出宋代城市城郭的几个特征：首先，是行政等级和城市大小的关系；其次，从防卫功能和经济功能的相关性来看，城市具备该区域的人口、资源中枢的特征，因此，城市又有排除敌人入侵的防卫功能，必须指出，这两个层面围绕城郭建设经常出现相互抵触的矛盾关系；最后，由于这种威胁的日益临近，生活在城市中的民户上层阶层，就是否应出资修城，分担保卫乡土、民众生命、财产的部分责任，被迫作出抉择。作者坦言，上述城市生态上的特色和分化，完全是从得到经验印证的现象中归纳而成的概括性结论。实际上，在给这种概括的影像添加具体差异的变数方面，有着作为对各城市城市化程度起作用的两大要因：一是行政的要素，二是自然、经济的要素。研究成果表明，各城市设立的最佳位置就在这两大要素的交汇

四、唐宋城市社会变革研究视野的扩大

点处。但是,这种人为的作用力是无法使城市完成城市化进程的。唐宋商业革命、城市革命时期,是这种实况与规划在各地显著脱节的时代。

氏著《宋代商业史研究》[1]确认商业发展潮流与唐宋变革有着内在联系,而唐宋变革时期"商业繁荣"的一个明显特点是显著的城市化现象(Urbanization)。作者认为,基于唐宋时代的巨大农业生产力的发达的农业财富,一方面通过租税、地租、富商的投机包买等而经由城市吸收再由城市放出,形成了城市的购买力,促进了首都和位于商道上的城市以及拥有特产手工业的城市的发达,从而丰富了城市的商业活动。其结果是,改变了过去依存于以官僚消费和统治之需要为主的城市性质,增加了工商业机能的比重,给城市与农村的社会关系带来了新的面貌。另一方面,在农村地区直接生产者间的分工关系有着一定程度的发展,产生了无数的集市。这种集市(market),虽然形成了闭锁的地方性自给自足市场圈,但通过中间商人的媒介活动,则成了全国性商业流通机构的下层机构,

---

[1]〔日〕斯波义信:《宋代商业史研究》,庄景辉译,稻乡出版社,1997年。

于是农产品聚集外流和远地商品流向农村。"市制崩溃"这一人们所熟知的大转变，正表明了过去那种政治都市与周边农村之关系的传统商业和市场规制，已经不能适应城乡的社会分工所产生的新形势了。

作者提出，宋代商业史的中心课题之一，就是要从多方面来探讨全国性市场的形成过程，且将市场放在中心位置，虽然全国性的市场是以城市为枢纽、中转和中心的，但作者的视野和网络是城乡一体的，突破了城市的界限。通过研究，提出了"远程商业"的概念（即交换经济距离长的两地间的商品流通），并认为宋代远程商业有由客商（经商、舶商、行商）经营的国内贸易和海外贸易两个主要形态。海外贸易是在交通技术条件低劣的情况下，于经济不发达、距离相当远的地方之间进行，以市场性高的奢侈品交易为主的临时投机商业。国内贸易则是在交通条件发达的条件下，以国内产业的地区分工为支柱，而进行的两地间的商品交易，并逐渐转变为坐商（批发店、批发组织）。无论是国内贸易还是海外贸易，都有质和量的限定，这对于决定当时商业的性质是很重要的。因此，当前必须具体研究清楚远程商品流通、远程商人、中

四、唐宋城市社会变革研究视野的扩大

转城市的各种机能。至于远程商业的发展及其规模,毕竟是由市场即购买力(与其时代的、社会的制约)来决定的。关于这一点,必须同时将唐中叶以后生产力的发展、生产的特殊化、农工分离、农民经济自给性的解体、阶级分化、贡租、俸禄、剩余产品、商业利润向城市的集中、城市人口与消费的增大、作为农民在局部地区流通商品集结点的市场、小工商城市的广泛出现、交通的发达等社会分工发展的现象,彼此联系起来加以探讨。

作者认为,中国的城市,是与古代文明的产生一起出现的。但隋唐以前城市的性质,可以说一是根据政治和军事目的而建设的消费者城市;二是工商业城市和生产者城市。其外以城垣围绕起来,内部有以官衙和官邸为中心的整然区划。工商业是在城内法定的工商业区域即"市"的严格统制之下进行的。商人和工匠只是在王朝统治必要限度内才被允许在市内居住。从古代到隋唐中国城市的这种状态,即农村与城市的分工关系、城市化的发达,总的来说还是很微弱的,城市在整个经济和社会生活中占着很小的比重。而且,由于政治、军事机能的终了造成城市命运的完

结，或者靠流动的客商进行的商品交易只有偶发的，因此，作为地方财源而为后世所重视的商税（即内地税）也并未发达，农村经济活动的集结点即定期市、村市的存在还是分散的。不过，大约以10世纪为划期，迎来了中国城市的明显转变。这就是"市制的崩溃""远程商品流通的增大和大市的出现""工商业行会的迅速发展""工商和生产者城市的产生""地方流通的发达和农村市场的普及""客商控制下的地方流通机构的形成"，等等。10世纪前后城市变化的特点，在法制上是市制的崩溃；在经济及社会上是由于远程商业的发展带来城市本身的发达和随着农民经济的发展而农村的城市化。同时，城市的变迁，要抓住农村与城市的相对关系。关于这一点，必须注意城市和农村在行政、警察、税役等法制方面的构成及其沿革。

然而，中国城市的转变，不限于原来大都会的发展，同时，农村的城市化，新兴的工商、交通聚落向城市的发展，也迎来了划时代的新局面。具体地说，10世纪以前，在市制建立前，州治、县治才是城市的中心点，在州县治以外的乡村设工商区即市，原则上是不允许的，即使有也是例外措施而被默认。它能与

四、唐宋城市社会变革研究视野的扩大

偶发的流通事情相适应,不至于触发制度的矛盾。但10世纪以后,在行政单位的乡村间断地开办市场地即圩,以其市场地为中心而形成了村落的小都会——圩市、草市,交通、商业聚落——步、埠、店、码头,工商城市——镇,州县城墙外的郭市区——草市等中小规模的城市聚落,并急速地发展了起来。结果使得以农村与城市间的可以说纯粹的分工为前提而构成的乡村与坊郭的行政区划并不能反映实际情况,镇和比较大规模的市由于治安与税收的关系而被指定为准州县治的行政地区。但对于小规模的市集的大量出现,政府却没有在行政上采取使其与农村有原则性差别的特别措施。然而,在农村→农村市场地→半农村城市→中、小城市这样的城市产生的反复过程中,包括工商城市在内的城市经济网,便日益稠密起来,实际上使农村经济走向依存于市场的方向。尽管作者的这个推断应该主要是针对当时的江南地区的,但这一趋势是具有全国意义的。

斯波义信提出,加藤繁在综观了众所周知的秦汉至明清城市发展的基础上,用"市"制的崩溃对以唐宋为划时代的城市转换加以说明。这种假说,说明

了秦汉至隋唐时代的"城市"的崩溃过程，明确了秦汉至隋唐时代"城市"显著的政治性质，乃至弄清了与交换经济的不发达相适应的"消费者都市"的性质，是卓越的见解。但是，宋以后的城市果真是全面的自由放任的吗？还有，宋以后的城市在经济上可否只是单纯地赋予工商城市的性质？对于这些问题，加藤繁仅指出了现象而未进一步加以说明。因此，斯波义信从人口史、租税史等方面对此作了深入探讨，应该说是延续了加藤繁没有解决的问题。

斯波义信首先通过考察城市领域的扩大、供需中心地的分散和行政上的组成与实态的乖离分析了唐宋城市农村间分工的变动；其次通过分析城市的土地所有，揭示了唐宋课税原理与城市再编成的革新；最后通过考察城市人口在全社会人口中所占比例与城市人口的职业构成、阶层划分，分析了唐宋城市市场性质的转变。此外，作者在前人对由唐至宋地方市场发展研究的基础上，对宋代江南的村市和庙市也进行了深入探讨。

总的来看，斯波义信的研究特点主要在于：一是对市场的概念及市场转型的认识是很深刻的，用统计

四、唐宋城市社会变革研究视野的扩大

学的方法,对与城市有关的数据进行量化处理;二是在认识中国古代城市的问题上提出城市化进程的概念,并以此概念为纽带,将变化中的城市与乡村统一放在一个进程(城市化进程)中考察;三是更深入地探讨了城市变革的实质。

马润潮(Laurence J. C. Ma)《宋代的商业与城市》[1]在唐宋变革的语境下,对宋代商业与城市发展的关系作了探讨。作者认为,宋代以前,中国的城市在性质上均以行政为主,而都市商业仅为其规模有限的微小附属而已。宋代时期以快速的经济成长与商业发展而著名,此期间商业力量之兴盛使其将城市的性质作显著的改观,其改变之大,致使城市除了作为行政所在地之外,均达到中国有史以来前所未有的商业化。当然,这种形式上的变化并非突然而来的,它是起源于唐代,而强化于宋代。宋代商业化的程度,远较过去任何时代为大,"商业成长的原因至为复杂,惟与其最密切有关者则为都市状况的变迁"。作者在研究宋代商业发展与都市变迁关系的时候,在对此项变迁背

---

[1] 〔法〕马润潮(Laurence J. C. Ma):《宋代的商业与城市》,马德程译,中国文化大学出版社,1985年。

景的其他有关因素（如土地所有制度、交通系统等）也有所考虑后，关注到宋代海上贸易及沿海城市的成长、内陆城市及其结构的变迁。作者认为，宋代繁荣的商业导致了若干新城市的兴起，也为很多原有的城市添加了一层商业化的色彩，这些城市大部分在过去仅有些许的商业活动。沿海地区的若干港口城市也因海上贸易的繁荣而产生。当沿海城市因海上贸易而繁盛之际，内陆城市也经历了极大的变迁，乡村市集、小型交通中心点，及纯商业性的市镇等均已增多，成为聚散枢纽。这些新出现的商业中心点，连同县城或府级城市，以及首都等，形成了一种经济的层次。作者强调商业活动的程度与城市的政治地位之间存在着必然的关联，提出中国城市自古代至第八世纪一直是政治中心，仅有有限的商业活动，但自宋代以来，城市也成为商业、社会以及文化活动的中心，在结构上也较为自由，较为活泼，花样也较为繁多。不过，一直到 17 及 18 世纪，中国才出现了以工业生产供交易及外销为基础的经济自给城市。虽然如此，在中国的都市化过程中，毫无疑问，宋代时期，是一个以多种急剧变迁为特色的重要分水岭。

五、唐宋城市社会变革研究的深化

在研究中国历史的过程中，西方学者善于以长时段的眼光进行理论层面的思考，勇于提出新的学术概念。

（一）"中世纪城市革命"抑或"唐宋城市革命"或"宋代城市革命"的提出 [1]

1973年，英国汉学家伊懋可（Mark Elvin）在《中国往古的模式》(*The Pattern of the Chinese Past*)中提出中国"中古时期的经济革命"（The medieval economic

---

[1] 参见宁欣、陈涛《"中世纪城市革命"论说的提出和意义——基于唐宋变革论的考察》，《史学理论研究》2010年第1期。

revolution）[1]的理论，认为中国在唐宋（特别是宋）时期出现"经济革命"，而此观点的主要基石之一，就是宋代中国经济出现了巨大进步，即"宋代经济革命"。按照伊懋可的总结，"宋代经济革命"，包括农业革命（The revolution in farming）、水运革命（The revolution in water transport）、货币和信贷革命（The revolution in money and credit）、市场结构与都市化的革命（The revolution in market structure and urbanization）和科学技术革命（The revolution in science and technology）。[2]而依照斯波义信的归纳，则主要包括农业革命、交通革命、商业革命以及都市化方面的重大变化。[3]伊懋可与斯波义信的分类虽然不尽相同，但是没有本质区别，并且他们二人都将都市化作为宋代经济革命的重要变化之一。可以说，此后学界经久不衰的"城市革命"论说应该发轫于此。

---

[1] Mark Elvin. *The Pattern of the Chinese Past*, Stanford, CA: Stanford University Press, 1973.

[2] Mark Elvin. *The Pattern of the Chinese* Past, pp. 113—199.

[3] 参见〔日〕斯波义信《北宋の社会経済》，见〔日〕松丸道雄等编《世界歴史大系・中国史3・五代——元》，山川出版社，1997年，第170—199页。

五、唐宋城市社会变革研究的深化

美国学者施坚雅（G. W. Skinner）以德国学者瓦尔特·克里斯塔勒（Walter Christaller）的中心地理论（Central place theory）为指导，开展中国城市史和以中心城市为核心的区域经济史的研究，在吸收日本学者研究成果的基础上，提出了"中世纪城市革命"（The medieval urban revolution）的概念，即"市场结构和城市化中的中世纪革命"。这个革命的鲜明特点是：（1）放松了每县一市、市须设在县城的限制；（2）官市组织衰替，终至瓦解；（3）坊市分隔制度消灭，而代之以"自由得多的街道规划，可在城内或四郊各处进行买卖交易"；（4）有的城市在迅速扩大，城外商业郊区蓬勃发展；（5）出现具有重要经济职能的"大批中小市镇"。施坚雅认为造成中世纪城市革命的原因，是政府放弃对贸易的干预和地区经济的商业化萌芽。[1]我们从中可以看出，中国"中世纪城市革命"概念的背后有着自20世纪初以来国外学术界广泛争论的"唐

---

[1] 参见〔美〕施坚雅《中华帝国的城市发展》，见《中国封建社会晚期城市研究——施坚雅模式》，王旭等译，吉林教育出版社，1991年，第44—45页；或见〔美〕施坚雅《中华帝国的城市发展》，见施坚雅主编《中华帝国晚期的城市》，叶光庭等译，中华书局，2000年，第23—24页。

如何认识唐宋城市社会变革

宋变革论"的影子。[1]

施坚雅经过对中国历史长时段的认真考察后指出,这场中世纪城市革命并没有在中国的所有地区或大部分地区同时发生,长江中下游地区在南宋时期所达到的商业化水准,在其他大部分中心地区只是到明清时期才达到。从中世纪城市革命开始,不但内地逐渐落后于沿海地区,而且子地区间发展也常常不平衡。在公元10世纪,中国西北大区域处于经济萧条时期,而华北大区域却处于经济高涨时期;在公元12世纪,长江下游地区经济繁荣,而华北大区却呈经济衰退之势。因而,西北和华北区域的都市化都拖了下来。可以说,中国多数区域的中世纪城市革命是到帝国晚期才发生的。作者认为,城市职能的强度水平,从唐初至中世纪周期末,始终是稳定的,或者甚至是增长的,真正重大的变化,就是官僚政府在这些职能——行政社会职能及经济职能——上所起的作用在不断收缩。因而,这场革命是整个社会的管理方式上的革命。

施坚雅的上述论断,的确很有见地,尤其是对政

---

[1] 参见李孝聪《历史城市地理》,山东教育出版社,2007年,第31页。

五、唐宋城市社会变革研究的深化

府作用于社会经济及对城市的解析,以及研究区域经济的发展对城市革命的作用,这两点给我们提供了新的认识。

自从 20 世纪 70 年代中叶施坚雅和伊懋可合著的具有开创性质的著作——《两个世界之间的中国》(*The Chinese Between Two Worlds*)[1] 出版以后,西方学界关于过去一千年来中国城市发展的知识和评价大量增加了。最重要的是,西方学者开始越来越注重过去时代中国城市变革的一种或多种模式。[2]

事实上,"通古今之变",本来就是中国史学的优良传统。早在"中世纪城市革命"抑或"唐宋城市革命"或"宋代城市革命"提出之前,我国学者就以贯通性的思考方式来分析这一问题。[3]

---

[1] Mark Elvin and G. W. Skinner. *The Chinese Between Two Worlds*, Stanford, CA: Stanford University Press, 1974.

[2] 参见〔美〕林达·约翰逊(Johnson, L.C.)主编《帝国晚期的江南城市》,成一农译,上海人民出版社,2005 年,第 1 页。

[3] 其实在 20 世纪 80 年代中叶以前,从 1949 年以后成长起来的一代中国学者,由于众所周知的原因,他们是很少接触到国外的研究成果和学术信息的。他们中也有一些人对唐宋之际所发生的变化,提出自己的观察和研究。参见葛金芳《略说中国本土的唐宋经济变革论》,《史学集刊》2017 年第 3 期。

如何认识唐宋城市社会变革

蒙文通认为,商品关系是人类社会发展到一定历史时期所产生的经济现象,我们必须把商品关系放在一定的历史条件下来理解,才能正确认识它的历史意义。氏著《从宋代的商税和城市看中国封建社会的自然经济》[1]指出,封建社会是自然经济占统治地位的社会,在封建社会里,商品关系是很微弱的,但是却一直存在某些从表面现象看来是商品关系颇为发达的社会现象。宋代的商税和都市,便是属于这一类的重要现象,可以说是我国封建社会发展期中的典型现象。作者认为,宋代仍然是自然经济占统治地位的时代,宋代广大商品交换既在广阔的县、镇市场上进行,大城市主要是政治中心,侈谈商业都市的普遍发展,是没有意义的;宋代的笔记小说中有不少远贾他乡的记载,但这绝不是当时商品关系的主流,在宋代根本说不上什么"国内市场(或民族市场)"的问题。虽然蒙文通的一些观点被后来的研究不断修正,但是他的启发作用不言而喻。

其后,傅筑夫在《中国古代城市在国民经济中的

---

[1] 蒙文通:《从宋代的商税和城市看中国封建社会的自然经济》,《历史研究》1961年第4期。

五、唐宋城市社会变革研究的深化

地位和作用》[1]中以贯通性的思考和中西比较的视野对城市的起源、中国城市的特点、中国城市经济的特点、中国城市经济在国民经济中的作用和影响等问题进行研究。作者认为,唐以后,随着商品经济的发展,这种古代型的城市结构及其相应的管制制度,便不能不有所改变或调整,所以到了北宋年间,就逐渐打破了自古以来相沿的坊市制度,城市的结构和面貌,已与近代城市相同,而不再是古代型的城市了。但是,这样的转变,实际上只是形式上的转变,而不是性质的转变,因为城市的性质和管制制度的基本原则,本质上还是相同的。中国的城市自始至终是由政府建立的,自始至终是由政府管制的,这是中国城市的一个总的特点。尽管统制政策的精神实质并未改变,但是从宋代起,城市商业开始向近代的形式转变。氏著《中国封建社会经济史》(第五卷)[2]中更是直接提出,宋代商业是中国古代商业一次重大的革命性变化,是商业和城市由古代型向近代型转变。

---

[1] 傅筑夫:《中国经济史论丛》(上),生活·读书·新知三联书店,1980年,第321—386页。

[2] 傅筑夫:《中国封建社会经济史》(第五卷),人民出版社,1989年。

如何认识唐宋城市社会变革

傅筑夫的研究不仅揭示了由唐到宋城市和商业的变化规律,而且深刻分析了其性质和特点,更为重要的是关注到了唐宋城市社会变革过程中的"变"与"不变"。这对我们今天的学术研究仍有重要参考价值和指导意义。

傅崇兰在《中国运河城市发展史》中将自战国至明清的城市发展分为五个阶段[1]:战国时期,是中国城市发生深刻变革、逐渐确立封建城市制度的阶段;秦汉魏晋南北朝时期,是封建专制集权措施在城市实施、城市手工业商业发展受到新的限制的阶段;隋唐五代时期,是中国城市处在坊制的发展阶段;辽宋金元时期,是中国城市处在临街设店的发展阶段;明清时期,是中国城市处在资本主义萌芽产生和发展的阶段。作者认为,宋以后中国封建社会经济发生一系列新变化,城市的临街设店,是一个重要内容,也是这种新变化的重要标志之一。临街设店是中国古代城市从宋代起进入一个新的发展阶段的主要标志,对辽、宋、夏、金、元时期的城市、社会的发展有深刻而重大的影响,对

---

[1] 傅崇兰:《中国运河城市发展史》,四川人民出版社,1985年,第16—57页。

五、唐宋城市社会变革研究的深化

中国历史的发展有深刻影响。不过，作者仍强调中国古代城市发展的动态性和联系性。其后，傅崇兰等著《中国城市发展史》[1]对城市演变史、城市居住史、城市建筑史和城市广场史等作了较为系统的梳理，并明确将五代十国时期作为中国城市历史的转折点。

此外，漆侠在总体考察中国封建时代社会生产力的发展时，提出"两个马鞍形"的观点，认为宋代的社会生产力以前所未有的速度迅猛发展，达到了一个更高的高峰[2]，城市经济有了显著的发展[3]。

宁可则提出中国封建社会虽说是一种农业经济、自然经济，但商品经济却是它不可或缺的润滑剂、催化剂和动力，城市和货币是中国封建经济结构突出的两个特点。作者以中西比较的视野概括了唐代中期以后城市发展的六个特点：一是突破了市外各坊街巷上不许设肆的禁令，到处都可以开店；二是突破了日中开市、日入收市、晚上戒严的禁令，出现夜市；三是

---

[1] 傅崇兰等：《中国城市发展史》，社会科学文献出版社，2009年。
[2] 漆侠：《宋代社会生产力的发展及其在中国古代经济发展过程中的地位》，《中国经济史研究》1986年第1期。
[3] 漆侠：《宋代经济史》（上册），上海人民出版社，1987年，第28页。

市的范围扩大以至原来的地区人口增加,城门以外形成了关厢,避开官府对城市的管制,成了繁华的商业区,而且城外增筑外城、罗城,以扩大城市规模;四是出现了新的市场;五是出现了新的城市;六是有了专门性的集市。[1]值得强调的是,宁可更为关注国家对经济的强大的控制与干预。

可喜的是,近些年,我国学者又尝试运用跨断代的长时段眼光,对我国传统社会的演进轨迹及其文明特征进行总体性描述,力求以多维度来诠释中国古代史,出现了"农商社会""富民社会""南北整合"等学术概念。[2]其中,葛金芳认为,宋以降长江三角洲等狭义的江南地区,属于典型的"农商社会",具有五大历史特征:一是商品性农业的成长导致农村传统经济结构发生显著变化;二是江南市镇兴起、市镇网络形成,城市化进程以市镇为据点不断加速;三是早期工业化进程开始启动,经济成长方式从传统的"广泛型成长"向"斯密型成长"转变;四是区域贸易、区间

---

[1] 宁可:《关于中国封建经济结构》,《学术月刊》2006年第11期。
[2] 参见李治安《多维度诠释中国古代史——以富民、农商与南北整合为重点》,《中国社会科学评价》2016年第4期。

五、唐宋城市社会变革研究的深化

贸易和国际贸易扩展,市场容量增大,经济开放度提高,一些发达地区由封闭向开放转变;五是纸币、商业信用、包买商和雇佣劳动等带有近代色彩的经济因素已然出现并有所成长。[1] 可以说,葛金芳所列"农商社会"的五个特征大都与城市社会变革关系密切。

不过,也有个别学者提出对"中世纪城市革命"这一命题必须要重新予以考虑,并且对唐宋时期是否有城市变革持有疑义。[2]

总的来看,中外学界关于唐宋城市变革的研究正不断深化,学者们的研究已经涉及城市规划、城市形态、城市结构、地域空间、政治空间、礼仪空间、社会空间,等等。

---

[1] 参见葛金芳《从"农商社会"看南宋经济的时代特征》,《国际社会科学杂志》(中文版)2009年第3期;《"农商社会"的过去、现在和未来——宋以降(11—20世纪)江南区域社会经济变迁》,《安徽师范大学学报》(人文社会科学版)2009年第5期;《农商社会视野下的南宋经济再评价》,《国际社会科学杂志》(中文版)2016年第3期。或见柳平生、葛金芳《"农商社会"的经济分析及历史论证》,《求是学刊》2015年第2期;《"农商社会"视野下南宋商品性农业述论》,《云南社会科学》2017年第6期。

[2] 参见成一农《"中世纪城市革命"的再思考》,《清华大学学报》(哲学社会科学版)2007年第2期;或见成一农《古代城市形态研究方法新探》,社会科学文献出版社,2009年,第66—93页。

(二)城市规划的研究

贺业钜对中国古代城市规划进行了系统研究。氏著《关于我国古代城市规划体系之形成及其传统发展的若干问题》[1]指出,回顾自春秋、战国之际直到明、清,在两千多年的封建岁月里,就营国制度体系传统论,它的发展过程,大体上可分为两个阶段。从封建制勃兴的春秋、战国之际,到形成封建大一统帝国的秦、汉时代,可列为第一阶段。自东汉迄明、清,则列为第二阶段。这一阶段又可以唐、宋市坊规划制度的改革为转折,分为两个发展过程。作者认为,市坊规划制度的变革推动了城市规划制度改革。自东汉末期以来,由于社会不断发生动乱,社会生产遭受了极大破坏。交换经济呈现衰竭之势,自然经济在社会经济中占了主导地位。这种状态一直持续到唐初。经过初唐的努力,工农业生产形势好转,交换经济也随之

---

[1] 贺业钜:《关于我国古代城市规划体系之形成及其传统发展的若干问题》,见《中国古代城市规划史论丛》,中国建筑工业出版社,1986年,第1—34页。

五、唐宋城市社会变革研究的深化

繁荣起来。进入中唐,生产进一步发展,交换经济呈突飞猛进之势。交换经济不断发展,势必要求扩大市场。工商业繁荣,人口大量集中,城市规模扩大,也迫切要求改变原来的商业布局方式。中期封建社会城市规划体制的集中市制,再也难以承担新的历史任务了。于是中唐开始出现了城市经济发展与旧市制之间的矛盾。经过晚唐至北宋中叶一段时间的继续发展,其间虽曾采取种种折中措施来调和矛盾,但终不能满足交换经济持续增长的需求。到北宋晚期,旧的市坊规划制度不得不退出历史舞台,城市商业布局和聚居生活的组织方式,都按新的规划体制而重新改组。交换经济的繁荣,不仅要求改革市坊制度,而且还引起了城市分区结构的变化。淘汰了不能适应新形势需要的旧分区,增添了当前城市经济发展所必需的新分区。这一系列的变动自必推动整个城市规划制度的改革。新的城市规划制度的诞生正是顺应时代潮流的必然结果。

贺业钜认为,宋初东京规划仍承唐旧制,到仁宗时,随着交换经济的迅猛发展,东京开始出现重大变化。至北宋晚期,遍布全城的新型商业网代替了原来的集中市制。按街巷分地段组织聚居的坊巷制,代替了旧的坊制。传统的市坊区分规划体制和其分区结构被打破了,以往到处高垣耸峙的城市面貌也大为改观。东京这番变化标志着我国封建社会城市建设开始跨入一个新的发展阶段,而营国制度传统的发展又走到了一个新的历程。

氏著《唐宋市坊规划制度演变探讨》[1]指出,唐宋时代市坊规划制度的变革,是研究我国古代城市规划发展史的一个关键问题。通过对比古典市坊规划制度(即唐宋演变之前的旧制)与唐宋市坊规划制度来揭示这番变革的实质。作者认为,随着商品经济的繁荣,古典市制因市场狭小,管理也难适应新形势的需要,于是从中唐开元年间开始,商品经济的发展与旧城市规划制度之间的矛盾,便集中在市制问题上表现出来了。扩大市场已成为当时的普遍要求,无论是长安还是一般城市,都出现了突破旧市制限制的趋向。进至晚唐,扩大市场的要求更加紧迫,此时破坏古典市坊规划制度的事层出不穷,较之中唐大有进展。在这段

---

[1] 贺业钜:《唐宋市坊规划制度演变探讨》,见《中国古代城市规划史论丛》,第200—217页。

五、唐宋城市社会变革研究的深化

时期内,破坏旧市坊制度的行为,归纳起来有以下两种主要表现。第一是坊内设店。第二是出现夜市。就以上倾向论,第一种现象对古典城市规划体制威胁最大。自出现坊内开设铺店后,不仅破坏了古典的市坊区分规划体制,同时古典坊制也岌岌可危。无论穿坊墙与否,坊制的瓦解已迫在眉睫。封建统治者为维护旧制度,曾采取各种措施阻挡新倾向的发展。就长安而言,维护与破坏古典市坊制度的矛盾,从中唐开始,直至唐王朝灭亡,从没有停止过,而且随着商品经济的壮大,是越来越激化了。唐王朝虽已灭亡,但自中唐以来改革古典市坊规划制度的活动,并未因政权的更迭而有所改变。到五代,古典市制实已瓦解,临街盖店成了合法行为。古典坊制形式上固仍勉强维持,但坊内设邸店、市坊区分的古典城市规划体制已再难维系了。经过宋初休养生息,至北宋中叶,工商业出现了蓬勃发展的新形势。手工业生产迅速增长,势必促进商品经济更加繁荣,商业资本力量也更加壮大。在这种新形势下,扩大市场自是当务之急。宋初所推行的那套古典市坊制度,显然又成了冲击目标。从我国中期封建社会城市规划发展的历史进程来看,古典市坊规划制度的改革,至此已进入决定性时刻。从古典市制崩溃开始,通过坊内设店,打破再次建立起来的市坊界限,并进而摧毁了古典坊制。古典坊制的瓦解又为市提供了广阔天地,促进市的扩张,加速古典市制的彻底消亡。而市的本身,由于迅速扩张,又打乱了古典市肆制度的严格约束。因古典市坊制度崩溃而引起的这番城市规划体制的大变动,可以说从11世纪初宋真宗(赵恒)时开始,到12世纪初才基本完成了改革古典市坊规划制度的历史任务。总的来看,北宋仁宗庆历以前,城市一般尚保持古典坊制。此时古典市制已经弛废,市坊区分的古典城市规划体制也受到冲击,但坊制仍在最后挣扎中,进入仁宗末年,情况又有新发展,从首都到地方各大城市,古典坊制都已陆续退出历史舞台。从此,城市以另一种新的方式——"坊巷制"来规划聚居生活。宋室南渡,曾采取措施发展工农业生产,进一步促进了江南商品经济的繁荣,加速了市坊制度的变革。

贺业钜认为,这场变革的发生和发展进程,正好反映了我国中世纪因工农业生产不断增长,而引起的封建经济中商品经济力量的发展进程。商品经济力量

五、唐宋城市社会变革研究的深化

就是这场大变革的推动者。变革的经历是复杂而曲折的，从表面来看，似乎"无非是一堵墙"的问题，其实，这里蕴藏着历史前进的步伐。通过这番改革所奠定的后期封建社会城市规划新制度，一直为元、明、清各代所继承。虽然随着时间的推移，又有些新的发展，但基本制度并未改变。现在北京城还留下不少的遗迹，可作为历史见证。由此可见，唐宋市坊规划制度的变革，对我国唐宋以来封建社会城市规划所产生的影响是何等深刻，规划制度演变的转折关键就在于此。

贺业钜的研究，其特点在于：抓住由唐到宋这个关键时期，强调交换经济在市坊规划制度与城市分区结构变化中的作用，进而探讨市坊规划制度变革对推动城市规划制度改革以及改变城市商业布局和聚居生活的组织方式的积极意义。从城市规划体系演变的角度来讲，贺业钜把坊市制的变革（即向开放的转变）作为划分阶段的重要依据，有其独到之处，但是从营国制度体系的传统将东汉以后的城市发展归入一个大阶段，这一观点似乎还可商榷。

（三）城市形态与地域空间的研究

美国学者芮沃寿（Arthur F. Wright）在《象征主义与功能：关于长安和其他大城市的思考》（*Symbolism and Function : Reflections on Changan and Other Great Cities*）[1]一文中，初步提出了中国城市的"宇宙论"思想。此后，氏著《中国城市的宇宙论》（*The Cosmology of the Chinese City*）[2]一文，进一步深化了这一思想。芮沃寿认为，所有的文明古国，都有为城市选择吉地的惯例，都有把这个城市及其各部分与神祇和自然力量联系起来的象征意义。在古代，当古老的宗教力量还很强大的时候，一个民族的信仰和价值体系，就会反映为他们在何处择定城址，并如何进行建城规划。通常随着文明的发展，古代信仰的权威也就逐渐衰落，

---

[1] Arthur F. Wright. "Symbolism and Function : Reflections on Changan and Other Great Cities", *The Journal of Asian Studies*, Vol. 24, No. 4 (Aug., 1965), pp. 667—679.

[2] Arthur F. Wright. *The Cosmology of the Chinese City*, G. William Skinner. *The City in Late Imperial China*. Stanford, CA: Stanford University Press, 1977, pp.33—73.

五、唐宋城市社会变革研究的深化

而世俗的利害关系——经济、战略和政治各方面——则逐渐在城址选择与城市规划上占据支配地位。在绝大多数社会，早期宗教影响仅仅在后世的城市中偶然地反映出来。但对于这一模式，中国文明的历史却是个例外。纵观中国城市建设的漫长历史，我们发现在城址选择和城市规划上，存在着一种古老而烦琐的象征主义，在世事的沧桑变迁中却始终不变地沿传下来。芮沃寿将这种象征主义概括为"宇宙论"，并认为，中国城市的宇宙论是由取自"大传统"核心思想的要素所构成，并时时为假借于农村的"小传统"所丰富，但却几乎绝无假借于异国文明的要素。有关城市的宇宙论思想经过士大夫阶层的努力，历尽沧桑而得以留传于后世。通过考察，提出早期城市设计中虽然掺进了某些仪式象征基本原则，但是直到公元前3世纪初，这些基本原则仍没有系统化起来。东周末年，出现了影响深远的变革，这也影响到城市宇宙论与象征意义，其中阴阳家和五行家两派密切相关，发展了宇宙及其各种力量的模式。西汉末年，关于都城的核心宇宙论已经拼凑了起来，部分是按照古代的传统与习惯，部分则出于汉代具有正统儒家思想的建筑师的系统化想象。魏晋时期，在帝王城市宇宙论中，逐渐松散地添附了一套新的观念：即称为"风水"的观念体系。隋唐时期，帝王宇宙论对长安城的规划者虽然具有权威，但是这种权威是有限的，一方面，规划者利用古典宇宙观中某些特选的基本原则来重申正统性（政权合法性），另一方面，实用主义的考虑——方便、功能区划分、易于治安管理——已超过古制的规定。及至宋代，古代帝王的城市宇宙论，已不大受到宋代诸帝的注意了，不过，那时还有一些力量在起作用，有助于保留这种古老的象征体系。如城门名称对旧的方向、五行、颜色象征还有所反映，但这些名称对国都大部分居民大概也只有一点淡薄的"宇宙"含义，旧时俗名仍在使用。北宋以降直至晚明，由于政治形势发生重大变化，城市宇宙论又得以强化。[1]

芮沃寿从"宇宙论"视角的考察，非常新颖，对此后的城市史研究产生了很大影响。自芮沃寿之后，从"空间"的概念考察城市结构及其变化，遂成为20世纪90年代以后的研究热点。

---

[1] 〔美〕芮沃寿：《中国城市的宇宙论》，见《中华帝国晚期的城市》，叶光庭等译，第37—83页。

五、唐宋城市社会变革研究的深化

章生道在《城治的形态与结构研究》中，以长时段的眼光对中国古代城治的选址及其原因、城治形状与规模、复式城市、土地利用与运输网等问题加以研究，认为对中国人的城市观念来说，城墙一直极为重要，以至于城市和城墙的传统用词是合一的，"城"这个汉字既代表城市，又代表城垣。在帝制时代，中国绝大部分城市人口集中在有城墙的城市中，无城墙型的城市中心至少在某种意义上不算正统的城市。作者提出直到帝制时代终结，中国的文明是与有城墙的城市中心成长壮大相一致的。有城墙的城市，以其精选的城址、同当地排水系统和水道的密切结合、宇宙论上有意义的构想、思想上明达的土地利用格局，以及功能上作为主要是自给自足的区域内的节点的作用为特点。有城墙城市的形态结构特征首先决定于城墙的布局和城门的格局，其结果是形成了一批从世界眼光来看带有鲜明中国色彩的、虽有渐变却是异常稳定的城市形式。作者还特别关注到晚唐时期城市管理开始放松，南宋时城市化有了进展，这些都导致许多城市门口附郭的发展。章生道的研究，其特点在于非常注重强调中国古代城市发展的自身特点，城市发展变化中的稳定性，以及这种城市发展稳定性与中华文明连续性的关系。[1]

不过，针对章生道以"城墙内的城市"概括中国古代治所城市的形态特征，鲁西奇等人提出了质疑[2]。他们认为中国古代治所城市城墙的修筑、存废情形，大致区分为四个时期：一是汉晋南北朝时期，各王朝普遍奉行筑城政策，事实上各地城市也普遍兴筑起城垣；二是隋唐五代时期，王朝虽然提倡筑城，但各地往往因地制宜，或沿用旧城垣，或新筑、增筑城垣，或根本没有城垣；三是宋元时期，王朝基本不提倡筑城，内地州县亦普遍不筑城，只在边地城市和部分重要城市，才兴筑或注意维护城垣；四是明清时期，王朝比较提倡筑城，但这一政策的实施存在很大的阶段性与区域性差别，大部分州县治所城市只是到明中叶以后，才普遍修筑起城郭，清代主要是维修明代旧城，只是在清后期兴筑了少数新城。

---

[1] 章生道：《城治的形态与结构研究》，见《中华帝国晚期的城市》，叶光庭等译，第84—111页。

[2] 参见鲁西奇、马剑《城墙内的城市？——中国古代治所城市形态的再认识》，《中国社会经济史研究》2009年第2期；或见鲁西奇《中国历史的空间结构》，广西师范大学出版社，2014年，第348—373页。

五、唐宋城市社会变革研究的深化

鲁西奇等人指出，自两汉以迄于明清，历代王朝对于州县治所修筑城郭的政策与重视程度历有变化，州县治所城垣之实际兴筑、维护亦各不相同，不能简单地认定历史时期大部分州县治所在大部分时段里均有城垣环绕，形成"城墙内的城市"。早在汉代，就有不少城市在城下形成了居住街区；魏晋南北朝时期，各地遍布城壁坞堡，着籍户口多居于城壁之内，但也有不少城市的城下存在居民、商业区；唐前中期，在许多沿用旧城垣的州县治所城市里，也有部分居民附郭居住；附郭街区的发展，至晚唐五代以至于宋元明清，更趋于普遍。

李孝聪则从地域空间的视角对唐宋城市变化进行了系列深入探讨。氏著《唐代城市的形态与地域结构——以坊市制的演变为线索》[1]中将城市作为"面"来研究其选址、城址转移、街道布局等城市外貌的形态特征和城市内部的地域结构，揭示了唐代坊市制城市从形成到解体过程中规模形态、街道布局、职能组

---

[1] 李孝聪：《唐代城市的形态与地域结构——以坊市制的演变为线索》，见李孝聪主编《唐代地域结构与运作空间》，上海辞书出版社，2003年，第248—306页；李孝聪：《中国城市的历史空间》，北京大学出版社，2015年，第61—112页。

织配置关系的变化,以及导致唐代城市变革的社会历史背景和唐、五代城市形态与地域结构演变的规律。李孝聪的研究表明,中国历史城市的地域结构特征是城市文明在中国历史发展的过程中,适应整个中国社会政治、经济和文化上的种种需要,在自然地理环境和人文环境双重影响下的塑造。唐代,中央王朝在全国推行封闭式的城市管理,从京都以至州县,逐步达到整齐划一的形态,体现出中央集权体制的强盛,也使坊市制城市形态达到了巅峰的时期;同时,正是人们赞誉国家能够有效地实行城市管理,使全国城市形态整齐划一作为大唐盛世表象的时刻,即从唐朝中叶开始,也恰恰是用坊墙约限城市生活的管理体制由完善、逐渐松动至走向解体的过程,这似乎应验了对立统一的辩证法。因为,用封闭的坊墙来约束城市生活违反了社会发展规律,当时唐朝政权稳定、社会经济发展,城市物质和文化生活丰富,住民不可能永远地被限制在定时、定点的坊区内活动,除非仍然停留在政权初建的不发达阶段。作者认为,专制集权国家往往通过对城市规模、形态和布局刻意地追求严格统一,借此象征皇权的伟力、中央政令的通达与国家之强盛。

五、唐宋城市社会变革研究的深化

而这一强求恰恰又有悖于城市社会的发展规律,必然导致城市的变革:城市形态从规整变得自由无序。看起来,似乎是中央皇权从强盛巅峰上的跌落,但是,却意味着地方城市获得了极大的运作空间,使中国地方城市在新的层面上获得了向富足转变的机遇。作者强调,通过唐、五代及两宋城市形态与地域结构的变化,可以进一步推考一千年前的那个变革时代人类的活动与环境、社会结构和价值标准之间的关联。历史学家研究城市就是要证实城市的历史变迁,并从中描绘出人类发展的历史。城市的形态与地域结构既能够反映中国历史演进的时序,又能够体现当时人设计规划的理念,而将历史的层理传递给后人。

李孝聪提出,这一城市形态的变化过程是海内外学术界所言"唐宋变革论"的立论基础之一,因此,隋唐时期的坊市制城市一直是中外学者所关注的重点问题,迄今已经有许多研究论著面世。但是,受考古资料与学科分野所限,以往的研究对象多侧重于隋唐都城长安与洛阳,以及扬州、成都、苏州等为数不多的地方城市。对于唐代坊市制城市的总体研究,特别是坊市制解体后城市发展的趋势,城市形态与地域结构的变化，则显得比较单薄。还有一些涉及唐代坊市制的基本问题也没有进行更深入的探讨。

同时，李孝聪还强调城市变革的逐步性、渐进性。作者认为，中国区域中心城市和城市等级系统的形成有着比较深厚的历史渊源。氏著《论唐代后期华北三个区域中心城市的形成》[1]从历史城市地理的角度，重点对华北平原北部的三个唐代后期出现的区域中心城市［定州、恒（镇）州和魏州］形成、演化的自然条件和历史背景加以分析，探讨了这些新的区域中心城市的出现对唐朝以后中国地方行政区划和城市等级系统的分布格局以及当代区域经济中心和城镇网络发展所产生的影响。氏著《公元十至十二世纪华北平原北部亚区交通与城市地理的研究》[2]从分析自然环境变迁和政治格局演变的影响入手，考察了10至12世纪华北

---

[1] 李孝聪:《论唐代后期华北三个区域中心城市的形成》,《北京大学学报》(哲学社会科学版) 1992 年第 2 期;北京大学中国传统文化中心编:《北京大学百年国学文粹·史学卷》,北京大学出版社, 1998 年, 第 659—671 页;李孝聪:《中国城市的历史空间》, 第 45—60 页。

[2] 李孝聪:《公元十至十二世纪华北平原北部亚区交通与城市地理的研究》,见《历史地理》第 9 辑, 上海人民出版社, 1990 年, 第 239—263 页;李孝聪:《中国城市的历史空间》, 第 16—44 页。

五、唐宋城市社会变革研究的深化

平原区域交通与城市分布之间的变化过程,认为传统交通路线和城市分布随着国家政权中心由黄土高原腹地向东部平原地区转移,产生了相应调整,而城市商业活动的加强、众多商业市镇的涌现,又导致城市形态的变革和新的城市等级系统出现。这一变化对13世纪以后乃至当代城市建设发展都有影响。

后来,氏著《历史城市地理》[1]中进一步指出,由唐到宋,中国城市开始从封闭的里坊制形态向开放式街巷制形态转变,而开放式的街巷制形态从宋朝一直保存到元、明、清时代,达1000年之久,迄今我们仍然能够从当代中国城市中发现中国王朝中后期城市形态的影子。这个变革的过程是逐步的、渐进式的,其中虽然不乏前一历史阶段城制的余光折射,但是城市发展的总趋势、城市形态、城市结构、城市管理与宋朝相比已有很大差异。

李孝聪通过对五代十国到两宋时期城市选址、城市形态与城市内部地域结构的分析,认为如果没有大的天灾人祸,唐代城址会被后世所沿用,但是在城市

---

[1] 李孝聪:《历史城市地理》,山东教育出版社,2007年。

如何认识唐宋城市社会变革

形态上发生了重大的改变。城市选址一般会受到地形与区位因素的双重影响，如果城址的位置为凭险避害，选择高燥的阜丘，城市往往只体现单一的军事守御功能。倘若城市功能趋向于物资集散、商业买卖和卜居相宅，城址则不会首先考虑防御性，而是贴近桥渡、闸堰等水陆交通便利处发展，后者的兴废或改动将引起城址的转移。从城市形态和内部功能结构来看，运河沿岸城市受水陆交通、物资集散和商业功能的刺激，最先突破隋、唐时期封闭的坊市制度的束缚，城市形态产生较大的变革，变革发生的时间应该从唐末五代逐渐开始至两宋始然。概括地说，五代两宋城址以唐代的旧州县城为依托，以运河桥市为中心，形成与市河平行的商业街，并沿运河两岸而伸展，运河与平行的市街构成城市新的成长轴线。城市形态能清晰地区分为：一个受唐代坊市制度约束的四方形旧城，一个在旧城外发育成长出来的不规整的新城。旧城内受坊墙影响而形成的规整十字街区与新城内自然发育未经规划的新市街对比强烈。物资运输与商业功能越强的城市，这种形态上的变革越明显。城市内部地域结构的分化越来越突出。因中国古代社会城市的功能仍以

五、唐宋城市社会变革研究的深化

军事控守和地方行政监管为主，封闭型的各级衙署还是城市中最重要的要素，而配置在城市的中心区段或旧城内，占据较大的位置空间，在州（府）、县衙门前形成一个小的"丁"字形广场。多数官绅住宅靠近这个区段，建筑方位一应中原传统的正南正北的定式，多建造传统的四合进深院落式宅第，封闭的封建家族特征很浓。行政与官绅住宅区构成城市建筑的主体之一，并形成传统的城市建筑文化风貌。新兴的商业市街在旧城外发育，并以城市主干道路或运河为长轴，不断向外延伸，集中了各级主管专卖的场、务、库、局，接待四方行旅的亭、馆、驿，交易买卖或娱乐的店铺、酒楼、瓦子，形成城市商业中心地段和各行商坐贾业主的新住宅区。街道布局以沿干道或运河走向的长街与伸向河沿的短巷为主，店铺宅院的房屋排列，并不比照传统的建筑定式，而是随河、巷走势取便建造，体现出淡化象征意念、追求实用功能的价值观。手工业作坊、外地移入的平民、工匠和杂业从事者的简陋棚屋分布在距离商业市街稍远的外围。城市内部出现相当多的寺庙建筑，分散在城市的各个街区，并没有趋近官绅区所在地。贡院和某些寺庙往往演化成大型的世俗性公共活动中心或定期集市，有些分布在城市边缘，反映其服务的对象以过往行旅和客商为主，往往考虑交通之便，并且突破了城垣的限制。寺庙作为城市各个职能地域内各业民众相聚的场所，与繁华的商业街一起构成衙门之外的城市副中心，形成另一种城市建筑文化景观。由于火药的发明，宋代城市的防御技术有所改进，普遍修建瓮城、马面、箭楼、护城壕，但除了都城之外，一般城市只有城门才包砖，城墙还是夯土结构，直到南宋后期，砖墙才渐渐多起来。城门还是过梁式的，很少有全拱式的城门。然而，宋代江南运河城市的地域结构已然不再遵循传统的官方规范，而趋向现实主义的商业都市，城市的地域结构和发展趋势被后来的明、清两代所继承，使中国王朝社会后期的城市形态与城市职能地域的空间配置，在很大程度上受到宋代城市奠定的基础所左右。学术界指称历史上的唐、宋时期是中国社会体制的一个变革时期，这个时期城市形态的演化正是社会变革的反映，留下了很深的历史印痕。

李孝聪《唐宋运河城市城址选择与城市形态的研

五、唐宋城市社会变革研究的深化

究》[1]还探讨了唐宋运河城市选址与城市形态的关系。作者认为,从唐朝后期开始,中国城市的市坊制度逐渐解体,官府对城镇物资交易的控制有所松弛,大批中、小城镇获得了发展的机会,城市商业职能以买卖街为表现形式在一定程度上得到加强,从而使城市布局形态开始摆脱过去因受严格的等级市坊制约而呈现的整齐划一的特点。这一现象在唐、宋运河沿线的城镇中表现尤为突出,并影响了明、清时代运河城市的发展。作者具体归结为以下几个方面:唐宋运河城市的选址一般受两种因素的影响。区位因素,即城址与运河桥、渡、闸、堰的位置关系甚密;距离因素,即城镇的分布受运河船只每日航程的制约。这将导致运河城市在区域中的等级分化;唐宋时期运河交通的发达对周围地区城市极富吸引力,往往导致原有城市发生向运河岸侧的城址转移;北宋以来黄河下游河道的改道和泛滥不但破坏了该地区原有的运河系统,也打断了这个地区运河城市正常的发展进程;唐宋运河城

---

[1] 李孝聪:《唐宋运河城市城址选择与城市形态的研究》,见侯仁之主编《环境变迁研究》第4辑,北京古籍出版社,1993年,第153—179页;李孝聪:《中国城市的历史空间》,第113—155页。

市受交通和物资集散功能的刺激，最先突破封闭的市坊制度的束缚，所以宋代城垣长度多超过唐代。其形态可分为两类：以旧州县城为依托，城市形态多呈不规则形状或纺锤形，曾受市坊制约的旧城街区与自然发展未受规划的新街区对比强烈。随运河开通而新兴的城市，多为以运河为长轴的狭长带状形态；唐宋运河城市多以运河桥市为中心，形成沿河商业街；明清运河城市形态和内部结构的功能分区在很大程度上受到唐宋运河城市格局的制约。但城市建筑面积不如前者，城垣往往内缩；由于运河城市的发展主要取决于商业和转输功能，因此城市形态所反映的在城市规划上习惯采用的象征主义传统并不浓厚。

另外，氏著《空间与形态：历史时期的中外城市比较》[1]再次明确表示，工业社会出现之前的中国，经历了宋代的变革；宋代城市变革的表现是从封闭的坊市制演变成开放的街巷式；宋代城市形态和结构上的变革需要制度的推动和保障。

---

[1] 李孝聪：《空间与形态：历史时期的中外城市比较》，见孙逊、杨剑龙主编《都市文化研究》（第7辑《城市科学与城市学》），上海三联书店，2012年，第75—95页。

五、唐宋城市社会变革研究的深化

李孝聪的研究特点，是在前人研究的基础上，以坊市制度的演变为线索，从唐代都城与地方城市形态和地域结构的塑造及转型来审视大唐王朝的时代，而且通过研究交通与城市分布的关系、区域中心城市与城市等级系统的关系、运河城市与城市形态的关系，探讨更大时空范围内城市布局的走向，突出城市形态所反映的在城市规划上由象征主义向实用主义的转向，进而从城市形态来揭示社会变革，并且强调这种城市变革在长时段中的逐步性和渐进性，这些都颇有见地。

对运河城市和水流域城市的研究，一直为学界所重视。傅崇兰《中国运河城市发展史》[1] 从区位、环境、人口、经济和文化等方面，较为系统地考察了通州、天津、德州、临清、济宁、淮安、扬州、苏州、杭州等运河城市的发展历史。

近些年，学者们对水流域城市的研究和关注更多，涌现出不少成果。周怀宇《论隋唐五代淮河流域城市

---

[1] 傅崇兰：《中国运河城市发展史》，四川人民出版社，1985年。

的发展》[1]概括了隋唐五代时期两淮地区城市发展表现出的四个新特点：一是传统的大城市（扬州和开封）焕发新貌，发展成为龙头地位的重要城市；二是在龙头城市的辐射下，淮河流域城市群迅速发展；三是沿交通要道一批新的城市发育并迅速崛起；四是在地方经济文化交流促进下，两淮地区州、县治所所在地的城市普遍形成。

邹逸麟《历史时期黄河流域的环境变迁与城市兴衰》[2]指出历史时期黄河流域城市的分布与变迁，与当时的自然环境和社会环境有密切的关系。先秦时期，黄河流域的城市大多是在原始聚落基础上发展起来的，其中自然条件较好的，后来就发展成为春秋战国时代各国的都城和重要经济都会，但在布局上主要分布在中游地区。秦汉统一帝国时期，由于运河的开凿和地区间经济联系的加强，黄河中下游地区城市蓬勃发展，是我国封建社会早期城市最发达的时代。魏晋

---

[1] 周怀宇:《论隋唐五代淮河流域城市的发展》,《安徽大学学报》(哲学社会科学版) 2001年第3期。

[2] 邹逸麟:《历史时期黄河流域的环境变迁与城市兴衰》,《江汉论坛》2006年第5期。

五、唐宋城市社会变革研究的深化

南北朝时期,由于长期战乱,战国秦汉以来的名都和重要城市相继破坏、衰落。隋唐帝国的建立,为黄河流域城市的再度兴起,创造了条件,由于自然环境没有大的变化,其布局和繁荣胜于秦汉。两宋以后,黄河流域环境恶化,再加上长期处于战争状态,城市的规模和效应远不如唐代。元明清时代,中国的政治中心和经济重心都东移至东部平原,特别是京杭大运河的开凿,重要城市都分布在大运河一线,在城市的规模和经济影响方面,黄河流域的城市已不及长江流域。邹逸麟虽然从历史地理学视角进行宏观考察,但是也论及了唐宋时期黄河流域城市的分布及变化特点。

鲁西奇《城墙内外:古代汉水流域城市的形态与空间结构》[1]专辟一章对唐宋时期汉水流域州县城的形态与空间结构进行探讨。作者倾向认为唐代地方城市中的封闭式里坊的存在并不普遍,而只是在部分地区的地方城市存在,通过对唐宋时期汉水流域州(府)县的城郭形式与演变、外缘形态及城市内部的空间结构进行考察,并以此为基础,结合其他地区的城市个

---

[1] 鲁西奇:《城墙内外:古代汉水流域城市的形态与空间结构》,中华书局,2011年,第149—277页。

案及有关研究来思考究竟是哪些、什么样的地方城市建立了封闭式里坊呢？是何种原因造成了不同地方城市在形态与空间结构方面的差异？晚唐五代及宋代文献中所见州郡治所城市中的里坊究竟又是何时建立的？其形态与性质如何？此外，作者还提出传统说法将草市的兴起及其发展与所谓的"坊市制的崩溃"联系在一起，把它作为"中世纪商业与城市革命"乃至"唐宋变革"的重要表现之一，需要重新推敲。

孙靖国《唐至辽代桑干河流域城市的发展与分布》[1]则对唐末至辽代前期桑干河流域内的州县城市的位置逐一进行复原，且对其选址的地理要素和分布格局加以分析。氏著《桑干河流域历史城市地理研究》[2]一书中明确提出隋唐时期桑干河流域呈现出军镇化的特点，但是由唐代到辽代，桑干河流域却从军城演变为州县，并对此原因加以分析。

随着研究的不断深入，一些学者也试图在研究视

---

[1] 孙靖国：《唐至辽代桑干河流域城市的发展与分布》，见苗长虹主编《黄河文明与可持续发展》第6辑，河南大学出版社，2013年，第40—58页。

[2] 孙靖国：《桑干河流域历史城市地理研究》，中国社会科学出版社，2015年，第139—203页。

五、唐宋城市社会变革研究的深化

角和方法层面对城市形态的研究提出新的思考。鲁西奇等人将制度安排、运作及其变迁和城市空间、城墙、标识性建筑或地理事物的象征意义,特别是其蕴含的文化权力及其在城市社区构建中所发挥的作用,视为中国古代城市形态与空间结构研究的两个新切入点。[1] 张萍则提出中国古代城市形态研究至少应该包含两个维度:一是城市内部结构性变迁及其影响因素研究;二是古代城市形态与地域经济关系的研究。[2]

近年关于城市内部空间结构与形态的研究,以牛来颖的研究颇具代表性。氏著《唐代都城规划市区内部形态再探》[3] 指出,传统研究中对于市的物质形态和内部空间,有些看法包括对坊市制一些基本问题的解释还存有预设结论之嫌。作者通过解读新发现的墓志材料,厘清市的概念,辨别在坊曲以外,与里坊制相

---

[1] 参见鲁西奇、马剑《空间与权力:中国古代城市形态与空间结构的政治文化内涵》,《江汉论坛》2009 年第 4 期;或见鲁西奇《中国历史的空间结构》,第 325—347 页。

[2] 参见张萍《古代城市形态研究的两个维度》,《历史研究》2014 年第 6 期。

[3] 牛来颖:《唐代都城规划市区内部形态再探》,《中国经济史研究》2015 年第 6 期。

关联的如街市、市里、市坊等空间概念，进而提出即或是在严格的市制管理下，市内居住者的身份也是多元的；综观唐律中除了对交易的管理（物价、度量衡），及市场秩序外，就是对坊市垣墙、门禁和开闭时间的限制，《唐会要》中仅针对开门与侵街有所禁令，没有其他关于市内人口、居住等约束，《天圣令·关市令》也不见市内形态的涉及和规范；即便上述这些，也只能就规划建制的市而言，自然演变形成的市坊不可能纳入，针对坊市垣篱的系列规定（对封闭的坊市的约束），在地方上很难落实。

牛来颖强调撇开经济组织和交易场所的市，从聚居空间的视角，对市内形态与居住者的身份，以及对市与坊的联系与共性同步关注。这种对传统命题进行的再思考，的确有助于加深对坊市制度渐趋解体过程的重新理解。

（四）城市结构的研究

由唐到宋，城市结构从封闭逐渐走向开放，这已成为学界的共识。

五、唐宋城市社会变革研究的深化

林立平《封闭结构的终结》[1]从分析城市结构的生成、发展与递嬗入手，探讨了唐宋之际城市结构的变革。作者认为，自夏代中后期城市形成以来，至唐代中叶为止，无论城市在政治、军事、经济、文化方面发生了多么大的变化，有三个基本特点是始终不变的，这就是:（1）市场是一个规定性的独立场所，固定空间；（2）商业区与居民区以及居民区之间彼此隔离，分区而治，并有垣、门管制；（3）城市生活的各个方面受到时间限制。这三个基本特点是与生产——尤其是交换经济——发展到一定阶段又不够发达相适应的，它使城市内部各个构成部分之间的相互关联受到踬碍和阻隔，使城市生活的疏导流通受到限制和障碍，因此在城市结构方面呈现出封闭特质，是一种封闭型城市结构。但是从中唐开始，城市封闭结构进入了弛废更进、递嬗演变的历史阶段，到北宋中叶为止，在空间上独立、固定的指定性市场已不复存在，分区隔离、垣门管制的市坊结构已成为历史的陈迹，城市生活受到的时间限制也一去不复返了。城市封闭结构2000

---

[1] 林立平:《封闭结构的终结》，广西人民出版社，1989年。

如何认识唐宋城市社会变革

多年的形成、发展、完善的历史就这样结束了，这是城市内部空间组织结构的一次重大变革。唐宋时期城市坊、市封闭结构日渐弛废，一种新型城市结构也在逐步形成。这种新型结构至北宋中叶基本确立，它就是以北宋东京开封为代表的厢坊结构，或称区坊结构。厢坊结构的社会背景与封闭结构截然不同。在农业方面，租佃制取代了依附关系的农奴制，粮食作物和经济作物、畜养业和副业获得了全面发展，因此市场机制和交换流通已进入新的历史阶段。在阶级结构方面，人身依附关系大大减轻，无身份性等级差别，国家越来越重视通过制度课征赋税，而对编户齐民包括商人的人身控制明显减弱。在意识形态方面，封建义礼纲常的统治思想日益突出，强制性统治思想与重农抑商思想相对和缓，邻里道德也随着身份性等级观念的消失而容易疏通了。社会的商品生产和交换流通已有相当程度的发展，市、坊封闭结构不再适应城市生活的需要，取而代之的则不仅要适应交换经济的发展需要，而且必须是有助于城市生活进一步发展的新型结构，城市厢坊结构就是这样诞生的，它的主要特征也同样体现在三个方面：第一，城市内部的管理机构，由厢

五、唐宋城市社会变革研究的深化

坊组织代替了市坊制度;第二,工商区和居住区在空间上自由分布,基本不存在人为的强制规定;第三,城市居民的各种活动,在时间上更加灵活了。

不难看出,宋代城市内部的新型结构,是唐中叶以来城市内部空间组织运演递进的总结,也是对定点、定时性市场结构的彻底否定。这种新型结构的实质,是城市商品经济的运行机制得到更多的发挥,商业和居住的区位自由度明显提高,官府对城市经济直接控制的相对松弛。由此说明,宋代城市确是一种开放型结构,结构的各个组成部分之间的相互关联所受到的踬碍或限制已经明显减轻,而这种结构的基本特征直至明清时期均无明显变化。但是,宋代城市结构并未完全开放,其开放程度尚有明显的限定。所以说,宋以后新确立的城市结构并没有完全开放,而是继隋唐封闭结构之后的亚开放结构。自城市形成以来至唐中叶为止,城市系封闭结构,宋元明清的城市属于亚开放结构,中唐至北宋中期市坊结构向厢坊结构的过渡,是中国城市内部空间组织由封闭结构向亚开放结构的转折。

林立平强调,唐宋之际是我国城市结构的重要演变时期，这不仅因为城市结构在这个时期由封闭结构演变成亚开放结构，而且还体现在城市分布结构在这个时期的重大变迁。通过探寻城市分布结构的规律，作者就中国城市分布变迁的轨迹提出有两条主线：第一，都城分布是按由西向东、从南到北的线路迁徙，其代表城市是西安—洛阳—开封—杭州—南京—北京。第二，城市分布重心则由北向南移动，即最初的城市规模和密度主要以黄河流域为代表，后来则是长江流域尤其是长江下游最突出了。作者认为这是我国城市分布结构变迁的两个基本特征，而这种变迁的关键时期恰在唐宋之际。氏著《六至十世纪中国都城东渐的经济考察》[1]对古代都城由西向东的迁徙过程及其原因作了探讨。作者认为，任何城市都是作为区域发展的经济中心而存在的，一个区域的城市发展水平，是该区域经济发展水平的体现，区域之间的经济差异则又决定着城市分布的基本格局。城市和区域在经济发展上的这种同步关系，是我们考察城市分布结构变迁的理论前提。唐宋时期南方经济的迅速崛起，特别

---

[1] 林立平:《六至十世纪中国都城东渐的经济考察》,《北京师范大学学报》(社会科学版) 1988 年第 3 期。

是江淮地区逐渐形成为全国的经济重心,说明这时的区域经济已发生重大变化,这就决定了城市的分布也必然来一次变革。诚然,都城的选定和迁徙常常与军事形势、民族关系、政权递嬗乃至西域或沿海的对外交通有着不同程度的联系,但是它们的重要性同区域经济(包括都城所在区域)的重大变化相比,显然仅仅是表面的、次要的。长安都城地位的最终丧失,归根结蒂就在于关中地区的经济供给已不能维持日益增长的都城开支。江淮地区经济的崛起,尤其是大运河把江淮、河南、河北三个地区串联成为广阔博大的整体,形成以运河为中轴的东线区域,从而使该区域的交通条件、经济势力、军事地位远远超出其他区域,这正是中国都城自西向东——由长安而洛阳而汴州逐渐迁移的内在原因。自北宋定都汴梁之后,我国都城不再是由西向东的迁徙态势了,而是呈现出南北之间的变易。但是无论如何,都城的变迁再也没有超出东线(运河)区域。氏著《试论唐宋之际城市分布重心的南移》[1]就城市分布重心南移的问题作了探讨。作者认

---

[1] 林立平:《试论唐宋之际城市分布重心的南移》,《暨南学报》(哲学社会科学版)1989年第2期。

为，唐中叶以后我国城市之间的经济交往主要在南、北之间展开，这种交往并非均衡进行，而是呈现出由南向北的商品流通形式。南方城市间经济联系的加强，是南方市场经济能与北方抗衡的基础，城市经济越发展，这种联系越紧密，南方市场经济对北方的影响也越大，自南而北的经济流向也就越明显。这对我们分析城市分布重心的南移有重要意义。如果把城市仅仅看作坐落在地表上的静止的点，并且根据这些点的大小和多少来判断城市分布的重心，固然可以得出唐宋之际城市分布重心南移的结论，但这不过是只看到了城市分布的表面，只有进一步看到地表上的这些点所辐射的经济力量的大小，才是看到了城市分布重心的实质。因此，我们不仅要分析城市坐落点的大小和多少，更重要的还应看到城市之间的经济流向，正是在这种意义上，我们认为唐宋之际我国城市的分布重心已经基本移到江淮区域。总之，任何城市都是作为区域发展的经济中心而存在着，一个区域的城市发展水平，是该区域经济发展水平的体现，区域之间的经济差异则又决定着城市分布格局。城市和区域在经济发展上的这种同步关系，是我们考察城市分布结构变迁

五、唐宋城市社会变革研究的深化

的理论前提。唐宋之际南方经济的迅速崛起，特别是江淮一带逐渐成为全国的经济重心，说明这时的区域经济已经发生重大变化，这就决定了城市分布结构也必然来一次变革。中国都城在这个时期已由长安而洛阳而开封地向东迁徙，中国城市的分布重心也从黄河流域移到了长江下游的江淮及太湖区域。所以，城市分布重心南移，是唐宋之际城市分布结构发生变革的重要内容之一，它的意义已经不仅仅限于城市自身的分布变迁，它同时还表明全国的经济重心也已移到长江下游地区。从此以后，我国的经济流通基本呈现着南北交往态势，江淮城市网络也就成为市场机制最突出的商品集散地。

林立平的研究，其特点在于：一方面，通过将研究范围扩展到租佃制、国家控制（人身依附关系）、意识形态（统治思想、社会道德）等层面，同时重视商品经济运行机制的作用，以此探讨唐宋之际城市结构的变革，提出城市结构在这个时期由封闭结构演变成亚开放结构；另一方面，强调城市分布结构在唐宋时期的重大变迁，并指出这种城市布局的变化又昭示着经济重心变化的大趋势。这些看法，有其独到之处。

(五) 政治空间的研究

在城市史研究中,除了城市形态、地域空间的角度观察而外,"政治空间"这样的概念,也被引入了城市研究的领域。

日本学者平田茂树在《宋代城市研究的现状与课题——从宋代政治空间研究的角度考察》[1]中指出,1980年之后,日本学者向两个学术方向展开研究,其中之一是,利用当时的史料复原城市景观,从而探明其历史性。目前的一个新研究倾向是对城市空间的"场"的研究。城市空间的研究视线产生了对人与人之间结合而形成的"场"的分析和对城市文化设施的分析。从政治史角度考察城市空间时,有必要考察城市的各个具体的"场"中结成了哪些关系,进行了什么样的政治活动,其关键在于所谓的政治空间。氏著《解读宋代的政治空间》中提出,所谓的政治空间包括物

---

[1] 〔日〕平田茂树:《宋代城市研究的现状与课题——从宋代政治空间研究的角度考察》,见〔日〕中村圭尔、辛德勇编《中日古代城市研究》,中国社会科学出版社,2004年,第107—127页。

五、唐宋城市社会变革研究的深化

理性空间、具有功能性的抽象空间和更微观的皇帝与官僚间的距离所见政治空间三个层次。其中的物理性空间，即是以都城的结构与宫城结构，或宫殿、官府的布局等要素为对象的。作者从政治空间这一视角探讨了唐宋间政治的变化，认为以往的研究将唐宋间的政治变化看成唐代的贵族政治（通过皇帝与贵族的协议体开展的政治）向宋代君主独裁政治（在官僚制的基础上，皇帝对所有事务都进行政治裁决的体系）的转变[1]。若将其置换到政治空间来看，可以看作皇帝、官僚政治空间比重的变化。即可理解为，从唐代以前政策决策、审议中，官僚的政治空间比重较大的时代，逐步向皇帝的政治裁决的空间转移重心。在唐代贵族官僚的发言权很大，并且在政策决定过程中是以皇帝与宰相之间的交流为中心的，到了唐代后半期，一般的官僚终于可直接向皇帝上奏文书，进行"对"，唐代的皇帝、宰相间通过"赐茶""赐坐"等举行会议，而这样的礼遇在宋代消失了，从中可以看出上述政治上的变化。并且，在整个宋代都可以看到这一政治上的

---

[1] 参见〔日〕内藤湖南《中国近世史》，弘文堂，1947年；〔日〕宫崎市定《東洋の近世》，教育タイムス社，1950年。

变化。[1]

由于政治权力往往在中心城市发生变动,日本学者的这种研究视角,虽然不是直接研究城市,但却在具有政治中心意义的城市,开辟出政治空间这一概念和领域,的确很有新意。

(六)社会空间的研究

随着城市史研究的深入,学者们逐渐重视对社会空间的研究。在这方面,荣新江对长安研究一直长期关注,氏著《关于隋唐长安研究的几点思考》[2]中将长安研究的主要内容归纳为四个方面:相关文献的整理与增补,都城制度及其演变的探讨,考古发掘的成就和历史地理研究的丰富成果。为了推进长安研究的进程,荣新江还专门组织了"隋唐长安读书班",以期部分恢复盛唐长安的景象,并以此为基础,来探讨长安

---

[1] 〔日〕平田茂树:《解读宋代的政治空间》,见杨振红、〔日〕井上彻编《中日学者论中国古代城市社会》,三秦出版社,2007年,第233—271页。

[2] 荣新江:《关于隋唐长安研究的几点思考》,见荣新江主编《唐研究》第9卷,北京大学出版社,2003年,第1—8页。

的社会、文化等方面。该读书班更加强调新的研究视角，即打破从北到南的长安文献记载体系，注意地理、人文的空间联系；从政治人物的住宅和宫室的变迁，重新审视政治史和政治制度史；走向社会史，对于长安进行不同社区的区分并分析研究；找回《两京新记》的故事，追索唐朝长安居民的宗教、信仰以及神灵世界。该读书班已坚持数年，从基础性整理工作入手，目前按照可持续发展的模式仍然在有条不紊地开展更深入的学术研讨，系列成果已蔚为可观[1]。

此外，氏著《从王宅到寺观：唐代长安公共空间的扩大与社会变迁》[2]通过将研究视点聚集在唐代长安的王宅向寺观的转移上，并考察这种转移的结果，即城市"公共空间"的扩大，最后阐明了城市"公共空间"的扩大在唐代"中古式"都城向宋代"近世化"都城转变时的社会史意义。作者认为，长安城中的寺观作为

---

[1] 参见荣新江主编《唐研究》第9卷"长安：社会生活空间与制度运作舞台"研究专辑，北京大学出版社，2003年；《唐研究》第15卷"长安学"研究专号，北京大学出版社，2009年；《唐研究》第21卷"唐代长安及其节庆"研究专号，北京大学出版社，2015年。

[2] 荣新江：《从王宅到寺观：唐代长安公共空间的扩大与社会变迁》，见黄宽重主编《基调与变奏：七至二十世纪的中国》第1册，政治大学历史学系等出版，2008年，第101—118页。

如何认识唐宋城市社会变革

一个公共的地理空间，为城市新文明的生发提供了场所，特别是亲王宅第和公主宅第的规模相当广阔，一旦变成佛寺或道观，就为这种公众文明进步提供了广阔的运作空间。新的公共空间必将产生新的文化活动，其表达方式也必将扩展。城市文化生产促进了消费空间的增长，寺观也就逐渐直接介入城市居民的经济和文化生活。受经济因素制约，寺观文化本身就是生产和消费过程的产物，它推动了城市结构的变化和社会结构的变化。对比中晚唐长安佛寺的情形来看，寺观中许多庶民文化生活的场景已经与相国寺相当一致，只是这些各式各样的文化娱乐活动所缔造的庞大的消费市场还没有明显地出现，但这些文化娱乐活动一定会推动各行各业的分工和货币经济的流通，推动消费市场的出现。唐代长安王宅向寺观的转变，首先是提供了大众文化活动的空间，由此推动了社会分工和消费阶层的增加，如果把庶民生活的活跃看作中国近世社会的特征的话，那么中晚唐的长安，应当已经开始迈出走向近世的第一步。

(七)政治变革角度的研究

王才强(Heng Chye Kiang)《贵族与官僚之城:中世纪中国都市景观之发展与演变》(*Cities of Aristocrats and Bureaucrats: The Development of Medieval Chinese Cityscapes*)[1]聚焦隋唐、五代和两宋这一历史时段,结合都城和地方城市两个层面,就城市从形成到功能的变革进程进行了深层次分析研究,该书从建筑史学家的角度,对诸如城市天际线、城市肌理、城市边缘、城市网络、郊区、街道和城市景观等提出了自己的观点,展示了敏锐的洞察力。《贵族与官僚之城》一书的理论支撑点之一,是从(汉魏)六朝到宋代中国统治阶级的一个主要变化,即旧贵族的消亡与大量军功贵族的崛起。书中,作者承袭了贯穿于后来的著者们的论著中用以阐明城市变革问题的例证,即隋唐长安和洛阳被作为古老类型城市瓦解崩溃的典型,而宋代的

---

[1] Heng Chye Kiang. *Cities of Aristocrats and Bureaucrats: The Development of Medieval Chinese Cityscapes*, Honolulu: University of Hawaii Press, 1999.

如何认识唐宋城市社会变革

开封和杭州则被作为新型城市崛起的代表,来支持在同一时期占主导地位的政治和经济发展趋势的影响是城市变革发生的基础这一论点。同时,中央权力的削弱既包括皇帝的独裁削弱,也包括贵族统治的削弱。如果不考虑可能性的话,文化精英的崛起在某些方面实际上就是崛起了一个富有儒家精神的官僚阶层。作者认为,一个很简单的理由就是,这些新的官僚由于缺乏世袭的权力和威望,绝少可能在帝国晚期去向皇权的重建挑战。因此,作者主张中国中世纪城市生活由封闭走向开放是基于政治上的变革(中央权威的弱化、贵族阶层让位于士绅阶层等)。正是在宋代,一个新的城市纪元已经到来。对照隋唐时期受制于贵族的城市里坊制、宵禁和严格的城市控制,具有实践精神的儒家官僚治理下的城市是开放型城市。在这些城市中,商业和娱乐活动的进行,不再受到以往时空上的控制。[1] 王才强论证政治变革对城市生活变化的作用,而这一点其实对我们研究城市变革也是十分重

---

[1] 参见〔美〕熊存瑞《古代中国城市史研究的新进展》,蔡云辉译,见刘海岩主编《城市史研究》第23辑,天津社会科学院出版社,2005年,第308—322页。

要的。

（八）多视角综合的研究

随着研究的不断深入，越来越多的学者开始重视运用多视角来综合研究唐宋城市社会变革。

在日本有"中国都市史研究第一人"之誉的学者妹尾达彦在长安研究领域颇有建树，形成了一系列说服力很强的成果。其贡献主要有两个方面：

其一，研究视野相当宽泛，并不仅限于对长安的城市建制及其沿革进行探讨，而是将考察都城制度沿革与论说城市社会文化生活变迁巧妙地融合为一，充分关注长安的经济、政治、文化、市民生活等众多层面。

氏著《唐長安の街西》《唐代長安の盛り場》（上、中）《唐代長安の店舗立地と街西の致富譚》《中国都市の景観》[1]等文描绘了长安城市经济繁荣发展的情

---

[1] 分见《史说》第25號，1984年；《史流》第27號，1986年；《史流》第30號，1989年；《布目潮渢博士古稀記念論集：東アジアの法と社会》，汲古書院，1990年，第191—243页；《史境》第22號，1991年。

形;氏著《大明宫的建筑形式与唐后期的长安》[1]将考古学调查成果与历史文献记载相结合,分析从8世纪末到9世纪前半期中唐大明宫的建筑构造与政治、社会机构的关联;氏著《唐长安城的礼仪空间——以皇帝礼仪的舞台为中心》[2]《唐代長安·洛陽城の城郭構造と都市社会史の研究》[3]《都市の生活と文化》[4]诸文对唐代长安的礼仪空间和社会文化进行了考察。

在前述多篇论文的基础上,妹尾达彦又出版了《長安の都市計画》[5]。在这部书中,作者以世界史的整体眼光,通过地理环境、民族迁徙、社会思想演变等多

---

[1] 〔日〕妹尾达彦:《大明宫的建筑形式与唐后期的长安》,《中国历史地理论丛》1997年第4辑。

[2] 〔日〕妹尾達彦:《唐長安城の儀礼空間——皇帝儀礼の舞台を中心に》,《東洋文化》第72號,1992年,第1—35页。中译文(黄正建译)见〔日〕沟口雄三、小岛毅主编《中国的思维世界》,孙歌等译,江苏人民出版社,2006年,第466—498页。

[3] 〔日〕妹尾達彦:《唐代長安·洛陽城の城郭構造と都市社会史の研究》,日本文部省科学研究费一般研究,研究成果报告书,1995年。

[4] 〔日〕妹尾達彦:《都市の生活と文化》,见谷川道雄等编《魏晋南北朝隋唐時代史の基本問題》,汲古書院,1997年,第365—442页。

[5] 〔日〕妹尾達彦:《長安の都市計画》,講談社,2001年。王静:《妹尾達彦〈長安の都市計画〉》,见荣新江主编《唐研究》第9卷,第588—595页。

个角度来考察隋唐长安,在综合性以及多学科交叉研究方面,作了一些有益的尝试。

其二,擅于从他人不甚关注的材料中找寻灵感,能够用新的视角解读唐代长安历史。

氏著《唐代后期的长安与传奇小说——以〈李娃传〉的分析为中心》[1]中通过对传奇小说《李娃传》的分析,具体揭示长安城市结构的变化,同时兼顾分析当时长安的庶民文化;氏著《韦述的〈两京新记〉与八世纪前叶的长安》[2]则在前人研究基础上对8世纪前叶的长安进行了复原,将《两京新记》中所描绘的8世纪前叶为主的长安的情景,作为跨越300多年的长安城景观史的定点坐标,为后人的长安史研究作出了贡献;氏著《关中平原灌溉设施的变迁与唐代长安的面食》[3]对在关中平原灌溉渠系历史发展过程中起关键作用的

---

[1] 〔日〕妹尾达彦:《唐代后期的长安与传奇小说——以〈李娃传〉的分析为中心》,见刘俊文主编《日本中青年学者论中国史·六朝隋唐卷》,上海古籍出版社,1995年,第509—553页。

[2] 〔日〕妹尾达彦:《韦述的〈两京新记〉与八世纪前叶的长安》,见荣新江主编《唐研究》第9卷,第9—52页。

[3] 〔日〕妹尾达彦:《关中平原灌溉设施的变迁与唐代长安的面食》,见史念海主编《汉唐长安与关中平原》,《中国历史地理论丛》1999年增刊。

泾惠渠的变迁作了整理，主要分析唐三白渠渠系及管理的改善，及其与长安面食流行的密切关系，从而揭示出大城市与周边卫星地带的经济、政治、文化联系。

妹尾达彦在研究中提出"历史即人类与环境的关系史"的命题，并强调他本人的研究旨趣，在于探讨人与环境的关系，即尝试用一种能够将整个地球史与详述某一地区的地域史相结合的新的叙述方式。从农耕文明和游牧文明的关系，从东西方文明的关系，以及唐朝在几百年统治期的政治统治力和影响力的变化，审视具有典型意义的长安城。在自然环境与人类社会的关系成为讨论热点的21世纪，妹尾宏大叙事、中西结合的手法又给我们呈现了新的惊喜。

宁欣以多维空间延伸的研究视野对唐宋都城社会进行了持续探索，《唐宋都城社会结构研究：对城市经济与社会的关注》[1]一书正是其系列研究成果的集中反映。

氏著《转型期的唐宋都城：城市经济社会空间的

---

[1] 宁欣：《唐宋都城社会结构研究：对城市经济与社会的关注》，商务印书馆，2009年。

五、唐宋城市社会变革研究的深化

拓展》[1]将城市空间析分为三个层面：一是地域空间，诸如城市区划、城市布局、城市建筑等；二是社会与政治空间，诸如居民结构、社会结构、社会流动、城市管理制度等；三是精神空间，诸如城市文化、城市社会心理、城市观念等。作者敏锐地观察到城市空间具有的多重性和多维性，提出从某种角度，可以把唐宋都城长安、开封和临安城市经济社会的变化梳理为有形变化、张力弹性变化和无形变化，具体表现为平面布局的突破、地域空间的拓展、功能区域格局的重新组合、人口流动频率的加快、人口结构的调整、官府职能回应市场的探索与转变等方面。作者认为，在城市社会经济空间拓展的过程中，都城无疑具有典型意义。在城市社会结构变化与制度创新的互动中，商品经济因素展示了其无处不在的穿透力。

由唐入宋，城市变化的一个重要表现是都市空间的扩展。氏著《由唐入宋都城立体空间的扩展》[2]对此

---

[1] 宁欣：《转型期的唐宋都城：城市经济社会空间的拓展》，《学术月刊》2006年第5期。

[2] 宁欣：《由唐入宋都城立体空间的扩展——由周景起楼引起的话题并兼论都市流动人口》，《中国史研究》2002年第3期。

作了探讨，在经过深入的研究分析后提出，空间的扩展无疑增强了都市的吸纳力，是城市化进程中的关键一环。空间的扩展至少具有三维（向）性：一是外延的扩展，以城关为中心或枢纽，以城内主要大街通过城关连接城外的重要官道，使都市的实际区域逐渐向城外扩展，即形成"大都市"（不以城墙为界线）；二是城内封闭式的坊市制度的突破，主要表现为"打墙侵街""接檐造舍"等，这是在不改变城内空间的情况下，扩大现有平面空间的利用率，增大城内的弹性和流通性，属于内涵的扩展；三是立体空间的扩展，即在占地面积不变的前提下，通过建楼提高现有土地的利用率，以增加商用和民用宅舍使用空间。随着城市商品经济的发展、流动人口的增加，封闭式的坊市制度和原有的空间结构逐渐被突破。这种突破的一个重要表现就是立体空间的扩展，表现在民居和商用打破不得起楼阁的规定，尤其是商用起楼，使都城具有了更大的容纳量和吞吐量，也具有更大的弹性。正是由于平面空间和立体空间的多向拓展，都城才有了更大的容纳量和吞吐量，才有了更大的弹性，唐宋城市变革进程才有了更大的回旋空间。但无论是平面面积的扩大，

五、唐宋城市社会变革研究的深化

还是立体方向的扩展,都不仅是空间意义上的开拓,也是城市内部结构(如人口结构、社会阶层的构成、社会群体分区特点等)的调整与变化的反映,是传统大都市进入新的历史发展阶段的表现。

城市空间的拓展具有渐进性,并且受到诸多因素的影响。氏著《由唐入宋城关区的经济功能及其变迁》[1]以都城城关区作为考察视角对此问题进行了探讨。作者认为,唐宋时期,随着社会变化,随着城市工商业的发展,城市内外的人口流动频率加快,城市流动人口的比重增加,城市面貌发生了很大变化。在变化过程中,以城关为中心逐渐形成城关区,城关区所具有的经济功能的增强,对以都城为首的大城市的进一步发展至关重要。城市尤其是都城的发展已经突破城墙的桎梏,而扩散到以城关为中心的周边地域。唐长安、北宋东京、南宋临安城关区的经济功能及其变迁,也从一个侧面反映了由唐入宋都城空间扩展的渐进性及其外来、流动人口对城市空间拓展的影响和作用与城市经济功能边缘化问题。

---

[1] 宁欣:《由唐入宋城关区的经济功能及其变迁——兼论都市流动人口》,《中国经济史研究》2002年第3期。

如何认识唐宋城市社会变革

中国古代城市在空间格局变化的过程中,坊市这种方形格局向街市这种平面大空间布局的转换、封闭的坊市管理体制向开放的厢坊管理体制的转换,是中古时期的总体趋势,但在城市地域空间的演变过程中,以往的学者过多关注了街与坊、街与市在时间和空间隔绝因素的突破,即:坊墙的突破,夜市的存在,坊内商业活动,而对城市中的街道这种线形空间所起作用未加重视。宁欣敏锐地洞察这一问题,氏著《诗与街——从白居易"歌钟十二街"谈起》《街:城市社会的舞台——以唐长安为中心》[1]探讨了街道这种线形空间在突破坊市制度过程中,在都市地域空间的演变过程中所具有的不可替代之功能。作者认为,把街作为一个相对独立的功能区,我们在深入探讨时发现,这种线形空间为唐宋城市社会变化过程中的经济社会提供了丰富想象力和创造力的舞台,于是我们也有了与以往不同的视角和思考。尤其是唐长安城外郭城主干

---

[1] 宁欣:《诗与街——从白居易"歌钟十二街"谈起》,《中国历史文物》2005年第5期;《街:城市社会的舞台——以唐长安为中心》,《文史哲》2006年第4期;《街:城市社会的舞台——唐宋城市变革中的线形空间》(该文是完整版,《文史哲》发表的是删减版),详见http://economy.guoxue.com/?p=886。

五、唐宋城市社会变革研究的深化

街道具有流动性、延伸性、公共性的特点，以及宣示、警示、炫示、舆论与信息传播功能等多项政治与社会功能，在坊市制向街市制演变的历史过程中，在城市社会变迁中发挥了不容忽视的作用。

除了探讨街的公共空间职能外，氏著《唐宋城市社会公共空间形成的再探讨》[1]还对城市中（包括近郊）"场"的公共空间职能作了揭示，作者认为，"街"与"场"的结合，"街"与"市"的结合，"场"与"市"的结合，是唐朝城市商品经济发展的表现，"逢场作戏"成语的出现正是城市从士人社会走向市民社会过程中社会公共空间不断拓展的反映。

---

[1] 宁欣:《唐宋城市社会公共空间形成的再探讨》,《中国史研究》2011 年第 2 期。

六、唐宋城市社会变革研究内容的细化

随着城市史研究的蓬勃开展,唐宋时期城市变革的研究内容愈益细化,而城市社会作为城市史研究的核心,更加为学者们所关注。学界对城市社会的研究正不断深入,研究层面已涉及城市类型、城市等级、城市人口、城市阶层、城市经济、城市组织、城市交通、城市建筑、城市景观、城市社会生活、城市医疗卫生、城市社会保障、城市文化、城市生态环境、城市灾害、城市管理等方面。

(一)城市类型与等级的研究

郭正忠较早地探讨了唐宋时期的城市类型问题,

六、唐宋城市社会变革研究内容的细化

认为在我国古代城市史上,唐宋之际是一个引人注意的时期。这时的城市,不仅品类繁多,风姿多变,而且其内部结构也各具一格。以往人们讨论中国古代城市,多认为只有一种郡县城市。其实,唐宋时期的城市,至少有四种类型,即唐代长安之类政治城市,唐宋边镇堡寨之类军事城堡,工商业镇市之类新型或雏型的经济都市,扬州、苏州、饶州之类综合型城市。[1] 郭正忠对唐宋时期城市的分类,对此后研究不同类型的城市提供了一种范式。

近些年来,学者们在研究中开始尝试构建城市类型的不同分类模式,并非常关注不同类型城市的发展特征与趋势。

程存洁从考察都城与边城的关系入手,将边城作为城市史研究的一种类型加以研究。氏著《唐代城市史研究初篇》[2] 分上下两篇,上篇是唐代东都研究,包括唐代东都城市历史变迁、东都最高行政长官东都留

---

[1] 参见郭正忠《唐宋城市类型与新型经济都市——镇市》,《天津社会科学》1986年第2期;或见郭正忠《两宋城乡商品货币经济考略》,经济管理出版社,1997年,第58—92页。

[2] 程存洁:《唐代城市史研究初篇》,中华书局,2002年。

守的演变、东都城市人口变迁、东都建城礼制；下篇是唐王朝边城研究，包括东北边城防御体系的形成、北边边城的修筑与边防政策、西北边城的经营、岭南道城市的发展、广州城市的发展、西边和西南边边城的设置及其特点。作者不仅论证了唐王朝边城的建制、规划等颇受东都的影响，而且从民族史和军事史的视角分析了边城形制与防御体系的关系。

陈国灿从区域史的视角对宋代江南地方城市等级进行了专门探讨。氏著《宋代江南城市研究》[1]将北宋江南城市细分为州级城市、县级城市和市镇（镇市和草市）三级，提出南宋时期前两级城市的具体形态又大致分为综合型、经济型、政治型、港口型等四类，第三级的发展形态又大致分为环城、农业、手工业、商品转运、沿海港口、消费性、乡村圩市等七类。作者认为，随着州县城市和市镇的发展，到南宋中后期，江南地区逐渐形成较为完整的区域性城镇体系，大致分为基层城镇、府州中心城市、跨地区中心城市、全地区中心城市等四个层次。陈国灿从经济形态（城市

---

[1] 陈国灿：《宋代江南城市研究》，中华书局，2002年。

的物资供应、消费结构、产业结构、市场形态)、社会形态(城市人口与居民结构、街区布局与社会管理、文化教育与社会生活)等方面就城市发展对江南社会的影响以及在此基础上出现的城市化现象作了简要分析。

在此前的研究基础上,陈国灿又对南宋时期城市和市镇进行系统研究,出版专著《南宋城镇史》[1]。该书较为系统地考察了城镇发展与分区状况、城镇形态和类型、城镇产业和市场体系、城镇人口及其流动、城镇社会结构、城镇街区结构和市政建设、城镇管理和社会保障、城镇文化和社会生活、城镇与南宋社会等问题。作者认为,在中国古代城镇发展史上,南宋是一个承上启下的重大转折期,它上承唐末五代以来城镇发展的新趋势,下开元明清时期城镇发展的基本道路,在中国古代城镇发展史上有着独特的和重要的地位,具有三个特点:一是南宋是中国古代城镇发展的地域空间发生重大变化的时期,基本实现了发展重心由北方向南方的转移;二是南宋是传统城镇变革进一

---

[1] 陈国灿:《南宋城镇史》,人民出版社,2009年。

步展开的时期,奠定了中国古代后期城镇发展的基本形态;三是南宋是中国古代城镇体系正式确立的时期,开启了传统城市化的新阶段。

张剑光从区域史的角度对隋唐五代时期江南地方城市等级加以考察。氏著《隋唐五代江南城市的基本面貌与发展趋势》[1]提出,隋唐五代时期,江南多层次的城市格局体系基本建立,城市建设步伐加快。由于政治发展的特殊性,加上唐末五代江南经济的不断发展,在全国的地位不断上升,使江南城市发生了较大的变化,根据规模和行政级别,江南城市可以分成都城、州城、县城三个等级。作者认为,江南城市的发展昭示着社会变化趋势,具体表现为:江南城市的设立与规模主要受制于政治需要;江南城市空间分布的格局已基本定型;江南城市发展呈现出较大的区位优势;多数城市进行了修建整治;城市人口数量有了显著增加;城市的经济功能显著增强;市的形态发生较大变化;城市文化生活多样丰富。

肖建乐从分工理论视角探讨了唐代的城市等级体

---

[1] 张剑光:《隋唐五代江南城市的基本面貌与发展趋势》,《史林》2014年第1期。

六、唐宋城市社会变革研究内容的细化

系。氏著《唐代城市发展动力再探讨》[1]认为，随着城市的经济属性不断增强，唐代中期以前形成的以政治地位为主的城市等级体系逐渐弱化，而城市等级中的经济因素不断增强。在一些新兴的经济区域，逐渐形成政治因素与经济因素并重的城市等级体系。新的城市等级体系主要体现在两个方面：一是政治地位不再是城市规模和经济发展的唯一决定因素，换言之，政治地位高的城市不一定比属下的城市经济水平高；二是城市等级体系跨越了行政区划的限制，单一的城市体系所涵盖的城市数量越来越多，覆盖的区域范围越来越大。作者提出，唐代中后期，长江下游地区逐渐形成了五级城市体系：以扬州为区域中心城市；以苏州、杭州、越州为次级区域中心城市；以一般州府所在地为三级区域中心城市，例如宣州、常州等；以县城为四级区域中心城市；以新兴的镇市和草市为第五级区域中心城市。作者还强调同一层级的城市分工，认为同一层级的城市往往依托各自的区位优势，发挥各自的比较优势，在城市的发展中逐渐形成自己的特

---

[1] 肖建乐:《唐代城市发展动力再探讨》，见包伟民主编《中国城市史研究论文集》，第44—63页。

色，并最终将特色优势转化为产业优势，使得同一等级城市之间分工合作，形成了较为稳定的城市群。唐代后期，城市分工的发展，使得城市布局的合理性与经济效益大为提高，城市自身的稳定性增强，这也是这一时期长江下游城市能够快速发展并且传承到今天的原因。

包伟民则侧重从行政地位来区分城市等级，并将宋代城市分为京城、州军城市和县邑城市三类，指出若就两宋时期行政城市的实际地位而言，又可以进一步细分为五类：京城、区域中心城市、路治城市、一般州军城市、县邑。在此基础上，又集中讨论了两宋时期城市行政地位与经济发展之间的关系。作者认为，在学界几乎众口一词地强调城市商品经济发展这一侧面的同时，也不应该忽视，两宋时期各地城市的发展水平与它们的行政地位基本上是相匹配的，城市经济与行政地位相辅相成、并行不悖。从唐到宋城市的发展，主要就体现在那些行政城市发展上面。虽然说两宋时期城市发展也呈现出了一些新现象，即某些城市由于经济繁荣实际地位超过上级行政城市的情形，但是就总体而言，这一现象主要存在于作为农村商业聚

六、唐宋城市社会变革研究内容的细化

落的镇市,以及极少数的低级行政城市,对于绝大多数州县城市来说,行政地位仍为它们维持经济繁荣不可或缺的资源,而且这一特性仍将影响中国古代城市很长一个历史时期。[1]

柳平生、葛金芳从分析南宋城市化率入手,指出商品经济的繁盛和市场的拓展加速了宋代的城市化进程,并将宋代城市分为三类:第一类是政治、军事中心,如都城临安、驻军重镇和偏僻落后地区的府州县治所在地;第二类是综合性城市,这些城市原本也是各级政府所在地,但因处在经济发达地区或交通孔道之旁,逐步成长为区域经济中心和国内转运贸易的中转站,起着联系各方区域市场的枢纽作用;第三类是生产性工商业城市,此类城市的绝对数量虽还不多,但其意义不可小觑,因为正是此类生产性城市昭示着古代城市向近代城市转进的根本方向。作者认为,城市的兴起及其性质的嬗变,在经济史研究中具有路标性意义。两宋时期的城市化进程呈加速态势已是当下学界的共

[1] 包伟民:《意象与现实:宋代城市等级刍议》,《史学月刊》2010年第1期;《宋代城市研究》"第一章 城市的规模、类型与其特征",第42—101页;《两宋时期城市的规模、类型与其特征》,见包伟民主编《中国城市史研究论文集》,第71—118页。

识，而其实质性内涵是传统的政治性城市向近世经济性城市逐步转变。在此过程中，作为地域性经济中心的城市成批涌现，其中有少数城市开始从传统的消费型城市向近代生产型城市过渡；到南宋中叶，城市人口占全部人口的比例（即城市化率）达到13%—14%之间，远超明清时期。这一变化不仅使农民向小商品生产者加速转化，农村人口向城市加速转移，而且带来了国家财政结构的调整和人们思想观念的变化，影响深远。[1]

（二）城市人口与阶层的研究

城市人口是城市活动的主体，对城市的人口构成、职业构成以及社会各阶层的具体分析，有助于深化对城市社会的研究。

张泽咸概括了唐代城市布局和坊市格局的变化，并从职业特点上剖析了城市居民的构成。氏著《唐代

---

[1] 柳平生、葛金芳：《南宋城市化进程与城市类型分析》，《四川师范大学学报》（社会科学版）2014年第6期；《南宋城市化率估测及经济都市的成长》，见包伟民主编《中国城市史研究论文集》，第160—177页。

六、唐宋城市社会变革研究内容的细化

城市构成的特点》[1]认为,城市既有大、中、小的区分,各个城市居民的构成也不会完全一致。一般来说,城市居民包括了诸色官吏、地主、军人、知识界、宗教徒、贫民、浮客、艺人、妓女以及工商业者。作者重点对工商业者的情况作了考察,认为,在商人们日趋得势的唐代中叶,正式出现了前所未有的"坊郭户"称谓。坊郭户是指居于内外城的人户,与乡村户相对。值得注意的是,"草市"居民在五代时是明显被列入了坊郭户行列,受到了城市居民的同等对待,并为尔后的赵宋王朝所沿袭和采用。坊郭户名称的登场标志着中国古代城市的发展步入了一个新的历史阶段。

冻国栋对唐代人口的城乡结构与职业结构进行考察,并作了较为深刻的分析。氏著《略述唐代人口的城乡结构与职业结构》[2]认为,隋唐五代时期,人口的城乡结构与以往的时代虽无实质的变化,但却出现了若干值得注意的倾向,主要的乃是城市人口的增多和

---

[1] 张泽咸:《唐代城市构成的特点》,《社会科学战线》1991年第2期。
[2] 冻国栋:《略述唐代人口的城乡结构与职业结构》,见武汉大学中国三至九世纪研究所编《魏晋南北朝隋唐史资料》第19辑,武汉大学文科学报编辑部,2002年,第164—176页。

如何认识唐宋城市社会变革

传统城市（或郡县城市）经济意义的日渐显明，城市中"坊市制"的崩溃和以"草市"为标志的新兴市镇的普遍发展，更为重要的是中唐以后"市籍"制走向终结，并出现了"坊郭户"与"乡村户"的对称，这表明中国古代城市发展以及城乡人口结构的变化进入到一个新的阶段。唐代市籍制的终结、"坊郭户"的出现既与中国古代户籍编制制度的变化相关联，更曲折地反映了中古经济社会包括城市经济的虽然缓慢却日渐明显的发展过程，这些新的历史现象与上述坊市制的崩溃、以"草市"为代表的新兴市镇（至少是其雏形）的普遍发展等历史倾向又是同步演进的。在人口的职业结构方面，统治阶层对于传统的士农工商"四民"分业的规定仍在老调重弹，"重本抑末"的基本精神也在一以贯之，但农民虽作为一个最广大的也是一个最不稳定的阶层，却日益成为城市中雇佣人口、工商业、搬运、建筑等行业的最大的后备军。随着社会生产力的缓慢推进，所谓"四民"分业已远无法概括行业间或部门间分工的实况。工商业者人数的增长是一个基本的现实，而城市中其他的行业包括广义的"邸店"业和适应城市居民生活需要的演艺业之类正在吸纳更

六、唐宋城市社会变革研究内容的细化

多的人户走向城市或新兴的市镇。此外,无法归于"四民"行业的兵士、学校中的生徒以及各地来京应试的举子(他们在相当程度上并不能等同于"士"或"仕")和出于不同信仰的"方外"之人从"职业"的角度而言也占有相当比重。通过研究,作者强调了中国传统社会职业结构的复杂性。

郭正忠通过对唐宋时期不同城市的分类,进而对这些城市居民结构的特点与差异进行了比较性的考察和分析。氏著《唐宋时期城市的居民结构》[1]认为,古代城市的居民结构,是城市经济史研究的重要组成部分。这里所说的居民结构,主要指城市居民的人口数量、社会成分、职业结构、稳定性或流动性、居民组织状况,等等。唐宋之际的城市,至少包括四种类型——国都之类的政治城市、边镇堡寨之类的军事城堡、扬州苏州之类的综合型城市、镇市之类的新型或雏形的经济都市。唐宋政治城市居民结构的特点,是以官僚地主,即地主阶级执政人物及其候补人员为中心,包括他们的家属、侍从、戍卫、服务者在内,作为全城居民的

---

[1] 郭正忠:《唐宋时期城市的居民结构》,《史学月刊》1986年第2期。

主体。在这一主体居民周遭,又环绕着严密的户籍、坊厢、行铺等网络,构成一套稳固的坊郭体系。军事城堡的居民结构,与政治城市相近。所不同的,只是那里居民的主体,是为封建王朝效力的军队。经济都市居民结构的特征,是以工商业者为主体。这是一种组织松懈而又不大稳固的居民结构。如果说,政治、军事、综合型城市中的"市民",受到该城官僚势力压抑较多;那么,经济都市中的市民,则相对比较自由。经济都市居民结构的这一特征,使它有助于市民阶层的发展。综合型城市的居民结构,是政治、军事城市与经济都市居民结构的混合体。其一般特征,大致介于政治、军事城市与经济都市之间,即既有大量官绅地主,又不乏工商游民;居民组织及稳定性,逊于政治、军事城市,又强于经济都市。此外,值得注意的是综合型城市居民结构,呈不断发展与变化的状态。这种发展变化,在唐宋之际,主要表现为经济都市的色彩日益增加,政治、军事城市的特征日渐衰减。

王曾瑜从城乡分治的角度对宋朝的坊郭户进行了

六、唐宋城市社会变革研究内容的细化

分析。氏著《宋朝的坊郭户》[1]指出,坊郭户和乡村户的区分,并非始于宋朝。自人类进入阶级社会后,由于城乡差别的存在,统治者对城市和乡村采取不同的管辖体制和方式,这就是城乡分治。在中国封建时代,城乡分治可说是由来已久,而并非始于唐朝。但是,在户籍制度上正式确定坊郭户和乡村户的差别,无疑是唐时城市人口增加、城市经济发展的一个重要标志,是中国古代城市史的一件大事,值得我们重视。但从另一角度来看,城墙也成为城乡的分界线。作者认为,唐宋之际,随着工商业的繁荣、非农业人口的增加,城市居民逐渐突破城墙的限隔,向城外扩张,使城墙渐渐地失去了划分坊郭户和乡村户界限的作用。宋朝坊郭户不仅包括府州军城和县城内的居民,而且包括草市和镇、市的居民。

城市人口构成的变化还集中反映在外来人口与流动人口的变化上,宁欣《由唐入宋都市人口结构及外来、流动人口数量变化浅论——从〈北里志〉和〈东京

---

[1] 王曾瑜:《宋朝的坊郭户》,见中国社会科学院历史研究所宋辽金元史研究室编《宋辽金史论丛》第1辑,中华书局,1985年,第64—82页。

梦华录〉谈起》[1]对流动人口与城市面貌变化的关系加以探讨。作者认为，与唐长安城相比，北宋东京城人口结构发生了很大变化，一是从事工商业人口所占比例增加，二是流动人口数量大大增加，这些变化使宋代东京呈现出与唐不同的面貌。娼妓业的变化只是全豹之一斑。如果我们继续追索，会发现南宋临安又有新的发展。中古时期城市面貌变化的一个显著特点是以大中城市为中心形成的消费市场高度繁荣，其中有因经济发展、收入增加、人口膨胀、城市生活活跃而形成的正常消费行为，但也有与整个社会经济发展不协调的非正常或畸形消费行为，即奢侈性的消费行为。由于社会财富的积累，商品经济繁荣，含色情内容的娱乐及餐饮业有很大的市场。这种畸形消费的主体是唐代城市中最活跃的消费群体，他们不仅有巨大的消费潜力，其趣向还引导着城市消费的潮流，构成都市生活色彩最斑斓的部分。宋代城市社会生活的世俗化和平民化趋向使畸形消费群体也趋向平民化。宁欣从外来人口与流动人口的变化来探讨城市人口构成变化

---

[1] 宁欣：《由唐入宋都市人口结构及外来、流动人口数量变化浅论——从〈北里志〉和〈东京梦华录〉谈起》，《中国文化研究》2002年第2期。

六、唐宋城市社会变革研究内容的细化

及其对城市社会的影响,这一思路对开拓城市人口构成的研究很有意义。

对城市社会阶层的关注一直是城市人口研究的重要内容。梁庚尧《南宋官户与士人的城居》[1]专门选取南宋时期城居的官户与士人为研究对象,指出他们虽然在整个城市人口中所占比例自然不会很高,但是他们的存在却是一个普遍的事实。作者认为,南宋全国各地城市,均普遍有官户与士人居住,有的因任官而城居,有的因游学而城居,也有在城市安家立户的情况。居住在城市的官户与士人,有些在城中已经有好几个世代,甚至数百年,形成家族。也有一些城居的官户与士人,是初迁城市,仅以个别的家庭生活于城中,尚未建立家族基础。许多官户与士人虽然居住在城市里,但是他们和农村仍维持有经济关系。

韩昇则以士族为研究对象,将其置于南北朝隋唐这一长时段下,从政治史的视角探讨了士族的城市化

---

[1] 梁庚尧:《南宋官户与士人的城居》,《新史学》1990年第1卷第2期;或见梁庚尧、刘淑芬主编《城市与乡村》,中国大百科全书出版社,2005年,第118—147页。

与社会变迁的关系。[1]作者认为,科举制长期实行之后,乡村世家大族的上层优秀分子不断被吸引到城市。概观唐朝士族向城市迁徙的全过程,可以看到由政治性迁徙渐次向文化性、经济性和生活性迁徙扩展。如果说政治、文化性迁徙极大地震撼了以城市官僚兼地方领袖为特点的士族政治社会,削弱其城乡联系的纽带,那么,经济、生活性迁徙,带来地方大姓精英分子大面积移居城市的局面,更是给士族政治以彻底的打击。经此打击,士族政治一蹶不振,土崩瓦解,从以往依据乡村影响中央到地方政治,逐步蜕变为依赖地方官府影响农村的乡绅,当然,这又是一个新的漫长的历史过程。

日本学者妹尾达彦长期致力于对生活在唐王朝都城长安、洛阳的各个阶层的生活样态的研究,作者认为,探讨都城里的人们对于自己作为一个男人或者女人是怎样认识的,可以成为解明长安和洛阳都市文化特色的一把钥匙。氏著《"才子"与"佳人"——九世

---

[1] 韩昇:《科举制与唐代社会阶层的变迁》,《厦门大学学报》(哲学社会科学版)1999年第4期;《南北朝隋唐士族向城市的迁徙与社会变迁》,《历史研究》2003年第4期。

六、唐宋城市社会变革研究内容的细化

纪中国新的男女认识的形成》[1]以经参加科举考试的青年男子之手创作的描写青年男女间的恋爱的唐代小说为题材，探讨小说中所表现的新的男女认识的特征及其社会影响程度。作者认为，在唐代，文人创作的小说里出现了很多的恋爱内容，恋爱小说首次成为一种文学体裁。唐代以前的中国没有以恋爱为主题的小说，可以被称为恋爱小说的小说，是自唐代才开始出现的。在以恋爱为主题的小说产生的同时，唐代后期的9世纪，男性文人与游女（歌妓）之间赠答的爱情诗也以一种新的诗歌体裁得以确立。也就是说，中国社会在9世纪，创造出了恋爱文化。作者提出，本来形容德才兼备的有教养的文人"才子"和形容美人的"佳人"一语古已有之，但将其组合到一起，作为男女的理想模式而并称，同时作为小说的主人公而出现，实始自唐代。通过科举考试作为目标的青年知识分子们创作出了才子佳人式的恋爱小说，他们是出于自己的

---

[1]〔日〕妹尾達彦:《恋をする男——九世紀の長安における新しい男女認識の形成》,《アヅア史研究》第26號, 2002年，第43—66页;〔日〕妹尾达彦:《"才子"与"佳人"——九世纪中国新的男女认识的形成》, 见邓小楠主编《唐宋女性与社会》, 上海辞书出版社, 2003年，第695—722页。

需要而创造出那些"才子""佳人"来的。在唐代的长安开始定式化的才子佳人故事，到宋代以后进一步流传，明清时期被总称为才子佳人小说，在印刷出版业的发达和庶民阶层的崛起的社会背景下，在中国社会被更为广泛地接受。作者认为，9世纪的才子佳人观念，是由以科举考试为目标的中小贵族或非贵族出身的男性创造出的新观念，在当时还没有广泛渗透到社会的各个阶层。这一观念，是在宋元明清时期，随着唐代恋爱小说的戏剧化，成为民间戏曲的代表性剧目，才真正深刻影响到社会的各个阶层。此外，《恋爱——唐代における新しい両性認識の構築》[1]在前揭文基础上通过对唐代豪侠小说的分析，探讨了唐代男女对两性认识的观念变化及其影响。

妹尾达彦的研究，其特点在于：作者非常关注城市人群及其意识的变化和影响，通过对唐代恋爱小说、豪侠小说的研究，分析小说所反映的新的男女认识、男女两性认识的特征及其对社会的影响程度，从一个新的视角揭示出城市文化的特色。

---

[1] 〔日〕妹尾達彦：《恋愛——唐代における新しい両性認識の構築》，《唐代史研究》第6号，2003年，第28—40页。

六、唐宋城市社会变革研究内容的细化

唐宋时期,坊郭户的出现和单独列籍定等,标志着市民阶层开始形成和崛起。肖建乐《唐代后期市民阶层的形成》[1]认为,唐代中后期,士家大族出身的士大夫和文人达士成为城市文化创造的引导者,而工商业者由于经济实力的增强和政治地位的提高,也加入到此行列,从而导致一个相对平等的群体出现,促进了市民阶层的产生。究其原因,是在商品经济发展的基础上,唐代中后期坊市制度逐渐崩溃,城市中的等级地位弱化,出现了城市生活世俗化的倾向,最终导致唐代后期城市市民阶层的形成。宁欣《从士人社会到市民社会——以都城社会的考察为中心》[2]指出,城市人口结构与主体人群的变化,即从官僚士大夫为主体的士人社会向普通居民为主体的市民社会转型,是唐宋时期城市社会发展变化的最重要和最显著的特征之一。市民阶层的涵盖比较广泛,不仅包括商人、城市居民的中下阶层,并且逐渐将仍然占居社会主流的士人和官僚阶层的中下层人士吸纳进来,这些主流社

---

[1] 肖建乐:《唐代后期市民阶层的形成》,《东南文化》2007年第6期。
[2] 宁欣:《从士人社会到市民社会——以都城社会的考察为中心》,《文史哲》2009年第6期。

会的人士，在城市变化的进程中，与普通居民有了更多的重叠和交叉点。在精神文化、日常娱乐、社会生活等方面也有了更多的交流和融汇。

近些年，学界关于社会阶层的研究颇受瞩目，甚至出现"富民社会"理论和学说。[1] 不过，在"富民社会"研究中，学者们倾向认为"富民"阶层是唐宋以来，尤其是中唐以后兴起的一个新的社会阶层。

在以往的社会阶层研究中，对城市流动人群、特殊人群和边缘性人群的关注相对较少。宁欣通过系列论文《唐代长安流动人口中的举选人群体——唐代长安流动人口试析之一》《唐朝的"给使小儿"》《唐后期禁军与"市井之徒"》《"浮寄流寓"与唐都城工程建筑业研究之一》《再论唐朝的"给使小儿"》《唐都社会的

---

[1] 参见林文勋《论题：中国古代的"富民"社会》，《历史教学问题》2005年第2期；《中国古代史的主线与体系》，《史学理论研究》2006年第2期；《中国古代"富民社会"的形成及其历史地位》，《中国经济史研究》2006年第2期；《唐宋"富民"阶层概论》，见姜锡东、李华瑞主编《宋史研究论丛》第9辑，河北大学出版社，2008年，第462—477页；《中国古代的"富民"阶层》，见《中国古代"富民"阶层研究》，云南大学出版社，2008年；《乡村精英·土地产权·乡村动力——中国传统乡村社会发展变迁的历史启示》，《中国经济史研究》2009年第4期；等等。

六、唐宋城市社会变革研究内容的细化

边缘性群体——对"街肆恶少"的重新审视》[1]探讨了此类社会群体与城市社会发展的关系;程民生通过系列论文[2]对宋代宗室、吏人、将士、工匠、医生、艺人、巫祝卜相等社会阶层的文化水平作了考察,这都有利于弥补相关研究的不足。

时至今日,关于城市人口的具体划分,学者们还没有形成统一看法。肖建乐将唐代城市人口分为六大阶层:政府统治阶层及其家属随从;工商业者;宗教

---

[1] 宁欣:《唐代长安流动人口中的举选人群体——唐代长安流动人口试析之一》,《中国经济史研究》1998年第1期;《唐朝的"给使小儿"》,见朱凤玉、汪娟编《张广达先生八十华诞祝寿论文集》,新文丰出版公司,2010年,第311—330页;《唐后期禁军与"市井之徒"》,《河北学刊》2016年第1期;《"浮寄流寓"与唐都城工程建筑业研究之一》,《中国经济史研究》2016年第4期;《再论唐朝的"给使小儿"》,见杜文玉主编《唐史论丛》第24辑,三秦出版社,2017年,第43—53页;《唐都社会的边缘性群体——对"街肆恶少"的重新审视》,《唐都学刊》2017年第1期。

[2] 程民生:《论宋代宗室的文化水平》,《经济社会史评论》2018年第2期;《宋代吏人的文化水平与政府运转》,《河南大学学报》(社会科学版)2018年第2期;《盔甲裹诗书:宋代将士文化水平考察》,《首都师范大学学报》(社会科学版)2018年第3期;《宋代工匠的文化水平》,《厦门大学学报》(哲学社会科学版)2018年第5期;《宋代医生的文化水平和数量》,《河北学刊》2018年第3期;《宋代艺人的文化水平与数量》,《河南师范大学学报》(哲学社会科学版)2019年第1期;《宋代巫祝卜相的文化水平及数量》,《中州学刊》2019年第1期。

人员；文人；伶人妓女；社会闲散人员和流动人口。[1]宁欣则提出城市人口和人群具有多样性、多重性的特点，可以根据研究视角的不同，采用不同的划分方法。其一是按类别分，可分为：皇室，贵族，官僚，吏员，僧侣，军队中下层将士，大工商业者（包括外商），城市平民，一般商贩，手工业者，自由职业者，餐饮娱乐服务行业从业者，奴婢，宫内外服务、服役者，外来务工群体（以农民工为主，主要从事家内雇佣、运输业、服务业），不确定或未定义群体，如举选人、流动群体、使节、投访亲友、旅游者等。其二是按户籍分，可分为：着籍人口，常住人口，暂住人口，流动人口。这四类人口也有重叠。其三是按层级分，可分为：上层——皇室，贵族，高级官吏（皇室不在居民等级序列之内）；中上层——中级官吏，大工商业者，中高级僧侣；中下层——普通工商业者，一般居民，下级军将，普通军士，中下层僧侣；下层——普通奴婢，杂户。[2]显然，以研究视角来确定划分方法似乎更合

---

[1] 肖建乐：《唐代城市经济研究》，人民出版社，2009年，第77页。
[2] 宁欣：《论题：对唐宋城市社会阶层变迁的几点思考》，《历史教学问题》2016年第3期。

六、唐宋城市社会变革研究内容的细化

理些。

在探讨城市人口构成和职业构成变化的同时,学者们也开始思考这种变化的特点。肖建乐提出唐代前后期城市居民结构的变化集中在三个方面:一是依赖市场的商品性消费群体增加;二是居民等级身份弱化;三是城乡差异缩小。[1] 宁欣则将隋唐五代到宋初城市社会人口结构的变化特点,概括为四个方面:一是城市居民来源更为多元化,成分更为多样和复杂;二是城市中下阶层所占用的空间和人口比重有增加的趋势;三是都城人口数量膨胀,中下阶层增长速度更快;四是人口数量增长的很大原因是外来和流动人口的增加,并呈现出逐渐转化为着籍人口和常住外来人口的趋势。[2]

(三)城市经济的研究

城市经济是城市史研究的重要内容,然而,关于

---

[1] 肖建乐:《唐代城市经济研究》,第89页。
[2] 宁欣:《变革视野下的唐宋社会阶层及其变动》,《历史教学》2017年第14期。

唐宋时期城市经济的系统的专门研究却并不多见，学者们常常在研究古代商品经济时论及城市经济，因而较为零散。

最早涉及唐宋时期城市经济的是加藤繁，氏著《车坊》《宋代都市的发展》《唐宋时代的仓库》《居停和停塌》《柜坊考》[1]等文对唐宋时代城市的金融机构、邸店、仓库、停塌、车坊等城市商业机构、设施等均有论述。全汉昇对唐宋经济史的研究贡献突出，氏著《唐宋时代扬州经济景况的繁荣与衰落》[2]《北宋汴梁的输出入贸易》[3]《宋代寺院所经营的工商业》[4]《宋代广州的国内外贸易》[5]等文中对唐宋时期的商业发展与都市

---

[1] 〔日〕加藤繁：《中国经济史考证》第1卷，吴杰译，第235—238页，第239—277页，第370—385页，第386—394页，第395—412页。

[2] 《中央研究院历史语言研究所集刊》第11本，商务印书馆，1947年，第149—176页；或见全汉昇：《中国经济史论丛》，新亚研究所，1972年，第1—28页。

[3] 《中央研究院历史语言研究所集刊》第8本第2分，商务印书馆，1939年，第189—301页；或见全汉昇：《中国经济史论丛》，第87—200页。

[4] 全汉昇：《中国经济史研究》中册，新亚研究所，1976年，第75—84页。

[5] 《中央研究院历史语言研究所集刊》第8本第3分，商务印书馆，1939年，第303—356页；或见全汉昇：《中国经济史研究》中册，第85—158页。

六、唐宋城市社会变革研究内容的细化

化问题都有涉论。

日野开三郎以城市的邸店为中心,全面分析了唐代城市的商业经济。氏著《唐代邸店の研究》[1]及《続唐代邸店の研究》[2]在邸店的职能和经营业务的理解上对加藤繁的观点做了修正。作者认为,邸店远不限于旅店的意义,其基本职能主要在于为远途客商提供宿泊、饮食、仓库、厩舍等业务,同时,作者对与邸店相关的城市交通、金融业、商业、居民生活,以及草市的发展和邸店的经营管理等内容也多有详叙。

冻国栋《唐代的商品经济与经营管理》[3]一书分上、下两篇,上篇论述唐代商品经济的发展及其局限性,下篇论述唐代商品经济的经营管理形式,并从理论上探讨了唐代商品经济发展的总体水平、限度和商品经济经营管理方式的历史特征。其中,涉及唐代城市经济的论述不少。张泽咸则从城市布局和坊市格局的变

---

[1] 〔日〕日野開三郎:《日野開三郎東洋史学論集》第17卷《唐代邸店の研究》,三一書房,1992年。

[2] 〔日〕日野開三郎:《日野開三郎東洋史学論集》第18卷《続唐代邸店の研究》,三一書房,1992年。

[3] 冻国栋:《唐代的商品经济与经营管理》,武汉大学出版社,1990年。

化方面对唐代城市经济的发展有所涉及。[1]宁欣通过重新审视唐朝"宫市",揭示出商品经济的发展,推动唐代内廷需求的市场化。[2]张剑光通过考察六朝唐五代江南城市市场的形制与变化情况,论证了江南城市商业发展的独特个性,[3]并以宋人笔记资料为中心,分析了宋人视域中的唐五代城市商业及其发展变化[4]。漆侠从城市格局和城郭限制的打破方面对宋代城市商业的发展作了揭示。[5]林文勋提出商品经济是唐宋社会变革的根本力量。[6]韩森则认为宋朝是经济巨变的时代,出现中国历史上的第一次商业革命。中国的商业

---

[1] 张泽咸:《唐代城市构成的特点》,《社会科学战线》1991 年第 2 期;或见《唐代工商业》,中国社会科学出版社,1995 年,第 350—351 页。

[2] 宁欣:《内廷与市场:对唐朝"宫市"的重新审视》,《历史研究》2004 年第 6 期。

[3] 张剑光:《六朝唐五代江南城市市场的形制与变化》,见杜文玉主编《唐史论丛》第 15 辑,陕西师范大学出版总社有限公司,2012 年,第 315—332 页。

[4] 张剑光:《宋人视域中的唐五代城市商业及其发展变化——以笔记资料为核心的探讨》,《思想战线》2017 年第 4 期。

[5] 漆侠:《宋代经济史》(下册),上海人民出版社,1988 年。

[6] 林文勋:《商品经济与唐宋社会变革》,见姜锡东、李华瑞主编《宋史研究论丛》第 5 辑,河北大学出版社,2003 年,第 52—67 页;《商品经济:唐宋社会变革的根本力量》,《文史哲》2005 年第 1 期。

六、唐宋城市社会变革研究内容的细化

革命虽不像欧洲 13 世纪的商业革命那样迅猛,但其后果同样影响深远。[1]

郭正忠通过对唐宋时期不同城市的分类,进而对这些城市的经济结构进行了考察和分析。氏著《两宋城乡商品货币经济考略》[2]中认为,城市的经济结构主要指城市物资结构、居民收入结构以及消费品类的构成等。物资供应结构,包括物资的主要供给方式——譬如,是以朝廷或官府调拨为主,还是以商品流通的自发调拨为主。居民收入结构,主要指全城居民总收入中,哪一类性质的收入占主导地位,士、农、工、商等各业收入间的比例关系如何。城市消费结构,主要指该城市消费品的主要种类、性质及互相间的比例关系。一般地说,各类城市的经济结构,大致都有相对稳定的特征。不过,随着商品货币经济的发展,各类城市的经济结构也会有所牵动或改变。作者指出,宋代城市的物资供应结构,大体分为三种方式:(1)政治军事城市的物资供应结构。其特征有三:一是靠从

---

[1] 〔美〕芮乐伟·韩森《开放的帝国:1600 年前的中国历史》,梁侃、邹劲风译,江苏人民出版社,2007 年,第 240 页。
[2] 郭正忠:《两宋城乡商品货币经济考略》,第 92—106 页。

外地调拨；二是通过安置官工商体系取办；三是少量地允许市场商品经济流通，略事调节。（2）综合性城市的物资供应结构。综合性城市，指兼有政治、经济、军事等多功能的城市，既是某个地方军政机关的所在地，又有比较发达的工商业。这类城市的物资供应结构至少有两大特征：一是部分物资依靠官办——包括朝廷调拨、临时征购和官工商体系取办；二是靠本城及附近的生产和市场流通作为补充。综合性城市的供应结构，虽与政治、军事城市有所区别——较多地依靠民间生产与市场流通，但也对官府存在着一定的依赖性。（3）经济都市的物资供应结构。经济都市，主要指工商业城市。这类新崛起的镇市的物资供应，既不依赖从外地调拨，也不靠官工、官商体系来保障或征购，而主要靠本地的商品生产和市场流通。这些镇市在各自独立的手工业或商业的基础上，组成了地域性的物资供应网络。镇市供应结构的特点，表明它们绝非单纯的消费城市，其市场商品流通量在全城物资中的比率，明显地超过其他类型的都市。城市收入，主要指城市全体居民的总收入，也包括官府从城市中获得的财政收入；所谓收入结构，则指上述收入中农、工、商等各项收入的大致比例关系。城市居民收入结构，可以分为三种方式：(1) 政治城市的收入结构。其主要特征，一是来源于农业性的收入，以实物收入为主；二是来自官工商体系的非农业收入日益增多，其中多货币资产。(2) 综合性城市的收入结构。其主要特征，一是非农业收入在全城收入中所占比率超过政治城市，却又低于经济都市；二是非农业收入中的官营工商业收入仍占相当比重。(3) 经济都市的收入结构。经济都市的居民收入，由于贵族、大官僚及其官工商体系多集中在政治城市和比较发达的综合型城市，镇市中的一般工商业者，往往便成了该都市的主体居民。他们的工商业收入，也多在该都市总收入中占重要地位。城市消费结构，主要指城市消费品的构成和搭配状况，即各类消费品——特别是普通日用品与高档奢侈品之间的大致比例。政治城市消费以奢侈品为主；军事城堡消费以军需物资和日用品居多；综合性城市消费结构的主要特征，则是奢侈品少于政治城市，而日用品相对最多；经济都市消费品一般以日用百货为主，尤其是本镇市及其附近的土特产较多，其中沿海镇市的消费结构中，又有相当数量的海外舶货。作者强调,城市经济结构并不是孤立和不变的。宋代四类城市经济结构的状况表明,我国10世纪前后的数百年间,整个社会结构呈现出复杂而蠕动的局面,商品货币经济带来的新因素,使城市面貌悄悄地发生着变化。郭正忠通过分析宋代城市经济结构的状况,来揭示唐宋时期社会结构和城市面貌的变化,这点很有新意。

林立平通过探讨城市税收来揭示唐宋时期城市经济的发展和演变。氏著《唐宋时期城市税收的发展》[1]中认为,城市税收的形成与发展,主要取决于商税的兴起与扩大,同时又与城市土地、房屋等不动产税的创征密切相关。换言之,城市税收实即包括城市的商税与不动产税。城市商税,是国家商税在城市中的征收部分。所谓商税,仅仅是指商品的通过税和交易税,它并非唐代始创,而是自古以来关市税的发展与扩大。关市税其来甚久,然自春秋战国时的"市"与"城"已基本结合后,当时关市税中的市税,实即我国城市商税的开端。唐代商税在唐玄宗时期渐次兴起,并于安

---

[1] 林立平:《唐宋时期城市税收的发展》,《中国经济史研究》1988年第4期。

史之乱前后迅速发展。尽管中唐时期商税的发展非常突出,但它同样不属于唐代的发明,而是与古代的关市税一脉相承的。既然中唐后日益兴起的商税是关市税的继承和发展,它就势必在发展过程中有所变化,而这种变化的突出标志,首先是专职商税机关的逐步建立。安史之乱后,场、院等专门征课商税的税务机关开始出现,及至宋初,上自都商税院,下及县镇场务,作为商税机关的管理系统,大体宣告完成。而在场、务、院专职商税机关逐步建立的同时,城门也渐渐担负起商税管理的一定职任。唐宋时期的城市税收,从动态角度考察,可大致分为过税和住税。就财产对象而言,又可粗略分为动产税和不动产税。过税,并非单指关津渡口通过税,凡商人所过城市亦行抽税。住税,亦非仅仅课征居住在城市的商人,客商来到某城贩卖货物以及生产者将产品卖给商人等,都要课征住税。城市税收的动产对象,是指城市土地房产之外进入流通的主要商品。城市税收的不动产对象,是指宅税和地税。动产对象实质是流通于城市中的主要商品,对这些商品及其交换抽征税钱,是商税在城市部分的基本来源。不动产对象主要指宅税和地税,它们共同构成宋代五种税制之一的"城郭之赋"。总之，经过唐宋之际的演变，城市的税收对象至宋初已大体确定下来，特别是城市不动产税的产生与发展，是市坊结构瓦解后，城市居民在居住和营业的位置选择中增强了自由度、城市的房地产利用率明显提高的反映，它标志着城市人口及其职业构成等各种因素的益发集聚化，并使城市与乡村在结构形态上的分野越加分明。由唐至宋，商税地位日益突出，一方面表现在国家对商税的征收、蠲免及其组织管理的逐渐重视；另一方面表现在商税额的逐年增加及其在国家赋税中所占比例的不断提高。作者强调，如果说国家的主要税收有一个由田亩税向非田亩税，由直接税向间接税，或者由农村向城市的转移过程，那么，从唐宋之际伴随城市经济的迅速发展而蒸蒸兴起的城市税收，尤其是城市商税机关的建立，城市主要税收对象的取定及其税收地位之日益重要来看，这个转移过程无疑是从唐宋之际开始的。并且，这个时期业已完成转移过程的第一步，即城市税收已与田亩桑麻税分庭抗礼，并驾齐驱，一个在地域上与农村分野的新的税收基地已经崛起。而城乡税收体制的分离与独立，正是城、乡经济形态的

六、唐宋城市社会变革研究内容的细化

分离与独立的直接反映,它表明这一时期城市化程度明显提高,城、乡对立关系已大大发展。林立平以唐宋时期城市税收的形成与发展为线索,揭示了唐宋之际城市经济的迅速发展,并以城乡税收体制的演化来考察城乡关系及城市化程度的发展,这些思路很有启发性。

包伟民在已有研究的基础上,对宋代城市税制进行了重新思考。[1] 作者提出,有两种倾向比较清晰:其一,面对城市经济发展的现实,赵宋政府针对城市征税赋役的制度设计,在前代旧制的基础之上,将屋宅地基等不动产列为税产之外,更倾向于综合评估坊郭户的所有财产,以使税制更契合社会经济实际,同时也有助于国家征取更多的税利。这无疑是与当时乡村农田税制演变的一般趋势相一致的。其二,城市税制演变的种种迹象,表明虽然存在着显而易见的弊病,赵宋政府常能随着社会经济格局的变化而调其赋税制度,其向社会攫取税役的能力相当突出,体现着两宋时期不同寻常的历史活力。

---

[1] 包伟民:《宋代城市税制再议》,《文史哲》2011 年第 3 期;或见《宋代城市研究》,第 237—271 页。

吴晓亮等人则通过考察先秦至唐宋屋舍之税的嬗变，提出中国的屋舍之征自先秦的"廛布"就已存在。虽然先秦的屋舍之征主要是官府的商业性用房，但它开启了后世既含有屋舍之税，也含有城市土地利用之税的一个税种；汉代的"市肆之征"已经面向官府和私人的屋舍，其中既有商业用房也有居住用房，含有土地利用、屋舍和经营税混而为一的特点；魏晋时期的店舍之征开始划分等级，使得屋舍之税的征收办法逐步走向具体；唐代"间架税"开始指向较为单一的屋舍，其征收办法使屋舍之征的可操作性大大加强；五代十国时期，"屋税"之名正式出现，单一的屋舍之税成为国家常赋；宋代宅税和地税的分野，使中国屋税脱离土地利用税，走向纯粹。作者认为，屋舍之税嬗变的历史是中国古代城市人口增长、城市建筑增多、城市空间结构不断变化发展的结果。[1] 此外，吴晓亮等人还对10—13世纪中国与西欧的城市税作了比较研究，提出中西方政治体制不同，城市发展的基础不同，使得城市税收的征收主体不同。这种差异，会导

---

[1] 吴晓亮、王浩禹、赵大光：《先秦至唐宋屋舍之税嬗变研究》，《清华大学学报》（哲学社会科学版）2015年第5期。

六、唐宋城市社会变革研究内容的细化

致城市税权的完整性和税收总量多少的不同。在中国，集权中央和层级有序的地方官府是城市税的征收主体，税权统一、税收具有一定的稳定性和延续性。西方城市税的征收主体是国王、封建主、教皇等，故税收分散，税收总量有限。中国强大的中央集权和有序的地方行政层级对城市财税的掌控，虽然在稳定性、延续性和税额总量上较西欧占有优势，但是，这种模式似乎缺乏活力，超稳定的发展成为一种难以突破的屏障，限制城市的发展及向近现代城市的转型。相反，当文艺复兴的曙光突破神权，个性前所未有地得以张扬，当个体的能量突破王权、神权的时候，城市的发展更具活力。作者认为，市民阶层和市政的独立发展使得中西城市差异越来越明显。[1]

林立平还从唐宋之际旅店业的变化情况探讨了城市经济的发展。氏著《唐宋之际城市旅店业初探》[2]认为，旅店业务是在社会分工造就出商人等流动人口的

---

[1] 吴晓亮、王浩禹：《10—13世纪中国与西欧城市税的初步研究》，见包伟民主编《中国城市史研究论文集》，第178—192页。

[2] 林立平：《唐宋之际城市旅店业初探》，《暨南学报》（哲学社会科学版）1993年第2期。

前提下诞生发展的，因此它在我国有着悠久的历史。唐宋之际，旅舍又称逆旅、客舍、旅店、客店、宾馆、旅邸、客院以及单称为邸、店舍，等等。唐代两京及其他城市的旅店业尤其自唐中叶以后发展很快，及至北宋，城市旅店业更加发达，业务范围也从单纯的留客住宿发展到兼营饮食和寄放货物。旅舍的业务拓展与"邸店"的活跃息息相关，"邸"的原意是府第、物场，在商业日益发展的社会形势下，渐渐同接待客人住宿的逆旅及寄放货物的仓库等商业营利之所合称，或称邸舍、旅邸，或称邸店、邸肆。逆旅之所以与"邸"合称，不但与逆旅本身是一种居住之处有关，还与逆旅逐渐兼营"居物"业务密不可分。因此，我们从逆旅与"邸"合称的发展过程，亦可略见隋唐以后尤其是唐中叶以后城市商业的发展和旅店业的繁荣。作者指出，旅舍的诞生与发展，依赖于社会经济的发展所造就的流动人口及其数量。唐中叶以后城市旅店业快速发展，旅店总数大量增加，经营内容明显扩大，其原因就在于当时社会上贡举之士、行商流贩、各种商胡等流动人口有了突出的增长。因此，人口流动结构的改变和工商业的发展，是城市旅店业兴旺发达的社会基础，反

六、唐宋城市社会变革研究内容的细化

之,城市旅店业的发展繁荣,也是城市人口结构及工商业结构明显进步的标志之一。林立平将城市经济与流动人口综合考察,进而研究唐宋时期旅店业的发展繁荣,的确很有见地。

笔记小说中蕴藏着大量生动的都市生活服务业信息,宁欣通过对这些零散材料的归纳和分析,探讨了唐宋都市生活服务业发展的特点。氏著《笔记小说中的唐宋都市生活服务业》[1]中提出,生活服务业是依托城市发展而兴起的行业,随着城市商品经济的发展,服务业逐渐从传统的商业中分离出来,成为我们今天所概括的"第三产业"中最重要的组成部分,并随着社会的发展和科学技术的进步,不断拓宽和延伸它所赋有的内涵和外延。当我们思考中国古代城市发展问题时,生活服务业是我们不能忽视的领域,也可以说,生活服务业的发展水平是中国古代城市发展程度的真实反映。通过对相关资料的统计分析,作者认为,传统生活服务业以餐饮业、旅店业、屠宰业、租赁业等为主,主要经营场所依托大中城市(包括连接城市的

---

[1] 刘艳秋、宁欣:《笔记小说中的唐宋都市生活服务业》,见杜文玉主编《唐史论丛》第8辑,三秦出版社,2006年,第315—332页。

重要交通线），唐朝以后的变化表明其更加成熟；保洁业、拾荒业、修理业和雇佣服务业，都是在城市发展过程中新发展起来的新型服务业，既适应了城市发展过程中城市民众生活需求的广泛性，也成为城市生活服务业新的增长点；唐朝后期的商人经营方式表现得更加灵活多样，从服务业经营内容和项目来看，已更多地深入到人们日常生活领域，而北宋都城的生活服务业发展的程度更高，无论是行业数量、从业人数，还是专业化程度、经营管理，都远超唐代。总的来看，城市生活服务业随着城市商品经济的发展而发展，根据城市人口数量、人口结构、消费水平和消费需求不断上规模、求变化。因此，进一步深入探讨唐宋城市生活服务业的发展状况与变化规律有利于深化对城市经济的研究。宁欣从都市生活服务业的发展角度分析唐宋城市变化，的确很有启发性。

唐宋城市经济的发展成就令人瞩目，而背后的推动力量究竟为何？肖建乐提出，随着社会经济的发展，城市的经济属性越来越明显，一方面城市工商业等内部力量的发展推动了城市的发展；另一方面城市在城乡体系分工中的定位越来越明确，每个城市在城市体

六、唐宋城市社会变革研究内容的细化

系中的定位也越来越清晰,城市的发展逐渐摆脱了乡村的约束,日益完善的分工体系就成为城市发展不可或缺的动力。作者将城市发展的动力归结于在三大方面的协同发展:社会生产力的转移与农工商业的协同发展、农村生产关系的局部变革与农村社会结构转变的协同发展、城市中商品货币关系的发展与居民等级身份弱化的协同发展。作者认为,城市发展的动力机制,是影响城市发展关键因素的诸多力量的合力。横向来看,就是抛开影响城市发展的一些表层的、具体的东西,而归纳总结出影响城市发展共性的、根本性的组合力量;纵向来看,是在政治力量对中国传统城市影响渐微的背景下,探寻历史长河中影响城市发展的关键性的、可持续性的组合力量。简言之,横向上要摒弃地形、山川对具体城市的影响,纵向上要寻求影响城市发展政治力量的替代量。[1]

实际上,肖建乐探讨唐宋城市经济发展的原因和

---

[1] 肖建乐:《唐代城市发展动力初探》,《思想战线》2007年第4期;《试论唐代城市发展的原因》,《云南民族大学学报》(哲学社会科学版) 2008年第1期;《唐代城市发展及其推动力量浅析》,《光明日报》2014年8月6日第14版;《唐代城市发展动力再探讨》,见包伟民主编《中国城市史研究论文集》,第44—63页。

动力是一项非常重要的研究课题。然而其原因是复杂的，其动力是复合的，在具体研究过程中，我们需要综合考虑各种因素。所谓摒弃地形、山川和政治力量等因素的观点，显然是不可取的。

（四）城市组织的研究

城市组织的产生、发展和演变，从一个侧面反映着城市社会变迁的历史轨迹，因而，对城市组织的研究相当重要。

关于唐宋时期城市组织的研究，全汉昇和加藤繁有开拓之功。全汉昇《中国行会制度史》[1]是一部探讨行会起源、萌芽、发展、演变的通史性著作，其中，作者对隋唐、宋时代"行"的发达、"行"与政府的关系、"行"的组织、"行"的习惯等问题均有论述，而且作者还从唐宋时期商品经济空前发展的角度对行会性质的变化作了探讨，此点对后世学者的研究，影响很大。加藤繁《论唐宋时代的商业组织"行"并及清代

---

[1]　全汉昇：《中国行会制度史》，新生命书局，1934年。

六、唐宋城市社会变革研究内容的细化

的会馆》对唐宋时期的城市组织有所论及,前文已有详叙,兹不赘述。

此外,值得重视的还有日野开三郎的系列研究,氏著《唐宋時代における商人組合"行"についての再檢討》[1]将唐宋时期作为工商业组织——"行"的特质,并划分为律令租庸调制时期、藩镇两税法时期、宋代等三个不同时期对"行"进行探讨,重点研究了唐宋之际市场制度变化对工商业组织的影响。日野开三郎的研究对于理解唐宋间"行"的发展演变及其职能问题颇有启发性。胡如雷将唐宋时期的行会与欧洲中世纪的行会进行比较,在肯定唐宋时期的行会也具有某些与工商业者利益相联系的经济职能的同时,强调东西方行会在性质和职能上完全不同。作者认为"唐宋时期出现的行会不是工商业者保护自身利益的组织,而是封建政权对工商业者进行统治和征敛的工具"。直到明清之际,"我国才真正形成了类似西方行

---

[1]〔日〕日野開三郎:《唐宋時代における商人組合"行"についての再檢討》,见《日野開三郎東洋史学論集》第7卷《宋代の貨幣と金融》(下),三一書房,1983年,第263—504页。

会的工商业组织"。[1]杨德泉对唐宋行会问题的研究较为全面,氏著《唐宋行会制度之研究》[2]分别探讨了唐宋行会形成的历史条件,行会的大量出现及其组织活动,唐宋时代行会的性质、特点及其历史作用等问题。傅筑夫论述了唐宋时期"行"的产生、发展及其特点,认为由唐至宋,"行"有了显著发展,它的种类和数目大大增加,宋代行的组织形式已较唐代更为明确,行的各种组织活动也远比唐代频繁,但是行的性质并未发生改变。[3]

张泽咸则从城市商品经济的角度详细论述了唐代城市行会组织的情况。氏著《唐代工商业》[4]一书认为,唐代地域性商业贸易有了迅速的发展,商人走南闯北,

---

[1] 胡如雷:《中国封建社会形态研究》,生活·读书·新知三联书店,1979年,第265—273页。

[2] 杨德泉:《唐宋行会制度之研究》,见邓广铭、程应镠主编《宋史研究论文集》,上海古籍出版社,1982年,第204—240页。

[3] 傅筑夫:《唐代都市商业的历史性质变化与"行"的产生》,见史念海主编《唐史论丛》第1辑,陕西人民出版社,1988年;《中国工商业的"行"及其特点》,见《中国经济史论丛》(下册),生活·读书·新知三联书店,1980年,第387—493页。

[4] 张泽咸:《唐代工商业》,中国社会科学出版社,1995年,第350—351页。

六、唐宋城市社会变革研究内容的细化

所在住宿，要存放商品；买卖进行时也往往通过中介人从中斡旋，便于迅速达成交易。为此，商人内部业已建置了行会组织，借以维护其切身利益。散布全国各地城市的行会乃是适应封建社会内部城市工商业的较大发展，而由手工业者和商人自行组织起来用以维护本身利益的。因而可以说，正是城市经济的发展和繁荣，城市工商业者的人口有了较大增加，为了维护他们的切身利益，迫切需要建立维护他们自身利益的组织，团结同行成员，共同奋斗。就官府而言，它可利用行会组织以便控制数量众多而又非常分散的工商业者，使之承办官府的需求如赋役征派。基于这些因素，行会的出现便成为时代的实际需要了。唐代开设店铺的城市商业远比前代增多，城市手工业仍相对较弱，于是商业行会盛于手工业行会，这正是唐代商人势力较大的体现。

魏天安从分析唐宋时期商业主导力量的转换入手，探讨了宋代行会组织的性质。氏著《宋代行会制度史》[1]指出，行会制度形成的前提，是城市商品经济

---

[1] 魏天安：《宋代行会制度史》，东方出版社，1997年；或见魏天安、戴庞海主编《唐宋行会研究》，河南人民出版社，2007年。

的发展，引起同行业人之间的激烈竞争，而这种竞争会危及同行业人的生存。正是为了限制这种竞争、维持市场的独占地位，一部分商人才联合起来，组成行会。另外，应付官府消费中科买的需要，以求负担均衡，也是促使商人联合起来的重要原因。唐代以前，在严格的市场管理制度下，市场空间狭小，市内从事工商业的人数少，同业人之间的竞争较为和缓，尚无组织起来的自发要求。大的商贾多从事贩运贸易，而且一般不挂名市籍，这就削弱了市内工商业者的力量。经唐末、五代至宋，随着社会经济的发展，城市人口和商品流通量大大增加，工商业者的分工更加紧密。城市市场扩大，市场结构复杂，城市内工商业者的人数急剧增加，其竞争也更加激烈。工商业者组成行会以保护自己的利益，疏通商品流通的渠道，已成为城市商品经济发展的客观要求，行会形成的条件成熟了。作者认为，在城市行会组织形成过程中，很明显的一点在于唐宋时期商业主导力量的转换——客商与坐贾势力的消长。客商是唐代商业的主导力量。客商成为市场主导力量，是以商品市场的狭小、供求关系的不公开为基础的。唐代大商人经营的商品，与前代相比

六、唐宋城市社会变革研究内容的细化

无大变化，主要以土特产及奢侈品为主。粮食、布帛、瓷器等百姓日用品的流通较前代有很大增加，不过，因市场狭小、区域间市场存在较高壁垒等原因，民间日用消费品长途贩运的规模尚很小。宋代，坐贾势力明显增强。大商人有的已基本不从事贩运贸易，但他们既控制着大批零售商，又具有囤积居奇的经济力量，成为商品流通的中介环节，所以，外地客商常常受制于本地坐贾。坐贾中的少数富裕行户并不直接经营贩运贸易，却控制了贩运大宗商品来本地的外地客商，成为本地市场交换的主导力量。由于坐贾在商品交换中处于有利地位，宋代的不少客商已开始向坐贾转化。作者强调，唐代的"行"是同业店铺或同类物货售买的区域，不是依靠自身的力量组织起来的行业组织，不能称为行会。随着唐宋时期商业主导力量的转换，宋代"行"所具有的行货区域的意义仍旧保留着，但其内涵已经大大扩展了，而且性质与唐代完全不同。宋代的"行"大多数是与官府消费联系密切的同业商人组织，是中国行会的最初组织形态。

(五)城市交通的研究

交通是社会经济生活发展的必然产物,反过来,交通的发展又有力地促进了人类经济生活的改善和提高。城市的发展与交通网络之间,两者相辅相成,互促共进。

全汉昇较早地对运河交通与唐宋经济地理的变动关系作了探讨,其中涉及城市交通问题。氏著《唐宋帝国与运河》[1]中指出,随着运河的诞生,唐宋帝国的经济地理也发生了激剧的变动。例如洛阳在唐代所以能够成为"东都",主要由于它的经济地位日形重要;而它的经济地位所以日形重要,又由于它位于运河的北端,由江淮经运河北上的物资都先在那里集中,然后分配于北方各地。又如位于运河北段的汴州,其地位所以日形重要,也完全由于运河的影响。汴州是南方北运物资必经之地,足以控制运河的交通。可见运河在唐宋经济地理方面的影响,是非常巨大的。

---

[1] 全汉昇:《唐宋帝国与运河》,商务印书馆,1946年,第126页。

六、唐宋城市社会变革研究内容的细化

严耕望《唐代国内交通与都市》[1]对唐代都市与交通、政治、经济文化的关系作了分析;史念海《隋唐时期的交通与都会》《隋唐时期运河和长江的水上交通及其沿岸的都会》[2]对隋唐时期政治都会、经济都会以及沿边沿海城市等的地理和交通情况作了系统考察;刘希为《隋唐交通》[3]对交通与城市发展的关系作了详细论述;辛德勇则对隋唐时期长安附近的水陆交通加以全面总结[4]。

曹家齐对唐宋时期南方地区的城市发展与交通的关系进行了详细考察。氏著《唐宋时期南方地区交通研究》[5]中认为,城市发展与繁荣,因素是多方面的,

---

[1] 严耕望:《唐代国内交通与都市》,《大陆杂志》1954年第8卷第4期。

[2] 史念海:《隋唐时期的交通与都会》,见史念海主编《唐史论丛》第6辑,陕西人民出版社,1995年,第1—57页;《隋唐时期运河和长江的水上交通及其沿岸的都会》,《中国历史地理论丛》1994年第4辑。

[3] 刘希为:《隋唐交通》,新文丰出版股份有限公司,1992年。

[4] 辛德勇:《隋唐时期长安附近的陆路交通》,《中国历史地理论丛》1988年第4辑,或见《古代交通与地理文献研究》,中华书局,1996年,第142—165页;《汉唐期间长安附近的水路交通》,《中国历史地理论丛》1989年第1辑,或见《古代交通与地理文献研究》,第166—176页。

[5] 曹家齐:《唐宋时期南方地区交通研究》,华夏文化艺术出版社,2005年。

但交通的发展是前提条件,也是诸因素中最重要者。交通形势的变化与交通发展的水平又制约着这一城市繁荣的程度。唐宋时期南方城市的繁荣充分证明了这一规律。综观唐宋时期南方地区获得大发展的城市,主要分布于各重要水路交通线。若依交通发达与城市繁荣程度而言,以江南运河和浙东运河沿线为先,沿海次之,长江沿岸又次之。随着交通对南方城市发展的促进,唐宋时期商业城市的繁荣呈南盛北衰之势。更为重要的是,交通因素在唐宋经济发展中扮演着重要角色,发挥了至为重要的作用。经济领域的变革,是唐宋社会发展变化的重要内容,从经济发展的区域性讲,是南方经济的飞速发展和全国经济重心的南移;从经济类型上来讲,以交换为主要内容的城市和商品经济的繁荣是最为耀眼的方面,商品经济的发达又引起整个经济结构的变化和社会价值的更新。而促使城市和商品经济发展和经济重心南移的原动力之一则是交通事业的进步和发展。另外,唐宋时期南方地区人文面貌的大改观也与交通的发展有着密切的关系。通过唐宋时期南方交通的发展及其对南方社会发展的影响,我们不仅可以从更深层面上探究唐宋社会变革的动因，而且可以进一步体认到交通与人类文明及区域发展的关系。若以唐宋时期南方经济、文化与同时的北方相比，我们也可以看出，其主要差距不在农业上，而是在城市与商品经济发展水平上。南方交通的高度发达使我们不难理解这一地域差异的由来。隋开大运河对南方交通的发展具有划时代意义，唐宋两代踵其后，不仅对大运河充分利用，而且对南方地区交通进一步开发和建设。对内无阻的内河交通，对外近便畅达的海上交通，又加得天独厚的造船资源，正是南方城市和商品经济以及社会人文能在唐宋时期飞速发展的根本条件。而这种客观条件的优势一旦形成，与北方地区的差异已非人力所能改变。从这个意义上来讲，我们对唐宋以来中国经济南盛北衰的根源就不难理解了。

曹家齐的研究，其特点在于：作者通过考察交通因素在唐宋时期南方地区经济和城市发展中的重要作用，进而探讨了交通与人类文明及区域发展的关系，并且作者从南北交通的差异来探寻中国经济南盛北衰的根源，提出南北的主要差距在于城市和商品经济的发展，这一思路很有新意。

(六)城市建筑与景观的研究

城市建筑与景观是城市的重要组成部分,也是城市史研究的重要内容。近些年,学者们更多地将研究对象逐渐从宏观的城市建设转向微观的城市内部建筑和景观。

在宏观城市建设研究方面,宁欣概括了唐宋时期城市修建的阶段性特征。氏著《唐初至宋中期城市修建扩建述略——兼论南北地区城市发展之异同》[1]认为,唐初至北宋中期,城市修建工程可分为三个阶段:第一阶段,唐前期,帝业初创,以经营两京为主;第二阶段,唐后期,政治中心逐渐转移,唐王朝有效控制区域缩小,外患内忧所需浩大的财政支出,往往使唐王朝经费捉襟见肘,因此无心亦无力对两京大事经营,基本限于修修补补,西、北方城市由于边防线内缩,夏、银等州成为正面防御吐蕃、回鹘、沙陀等侵扰的

---

[1] 宁欣:《唐初至宋中期城市修建扩建述略——兼论南北地区城市发展之异同》,《扬州大学学报》(人文社会科学版)2006年第2期;《唐史识浅录》,第52—63页。

六、唐宋城市社会变革研究内容的细化

边防重镇,这些对长安有拱卫作用的城市以防御性修筑为主,而一些具有割据性质的藩镇,则自主修建扩建中心城市,最典型的是成都;第三阶段,唐末五代宋初,政治权力更迭,经济重心南移,城市修建的重心也发生地域性转移,南方有些中小城市发展势头强劲,呈现出城市成长的新因素。包伟民在系统考察宋代市政建设的基础上,提出无论在市区布局、建筑水平,还是道路营缮方面,元明清各代在发展程度上容或有超越前代之处,但基本格局是在两宋时期形成。[1]

在微观城市内部建筑与景观研究方面,包括宫廷建筑、宗教建筑、公私园林等,成果众多,不胜枚举。其中,辛德勇考证了唐代翰林院、学士院、少阳院的位置[2];杜文玉详尽考证了大明宫内宫门、殿阁、宗教类建筑、娱乐性建筑和宫内机构的地理方位,并揭示了相关建筑的功能[3];李合群重新考证了北宋东京皇

---

[1] 包伟民:《宋代城市研究》,第 272—303 页。
[2] 辛德勇:《大明宫西夹城与翰林院学士院诸问题》,《陕西师大学报》(哲学社会科学版)1987 年第 4 期。
[3] 杜文玉:《大明宫研究》,中国社会科学出版社,2015 年。

宫[1];张劲对北宋开封皇城宫苑的规模与分布、南宋临安凤凰山皇城大内、南宋临安德寿宫与西湖离宫别苑作了较为系统的研究[2];曹尔琴、宿白、龚国强、郭黛姮等对宗教建筑作了专题研究[3];张天启等分析了唐五代江南城市的园林建设及其特点[4];周宝珠、程民生考察了北宋东京的园林与绿化情况[5];荣新江探讨了唐代两京城坊建筑的著录问题[6];郭黛姮则全面介绍了南宋城市、宫殿与行宫、皇陵、宗教建筑、园林建筑、教

---

[1] 李合群:《北宋东京皇宫新考》,见中国古都学会编《中国古都研究》第13辑,山西人民出版社,1995年,第245—249页。

[2] 张劲:《两宋开封临安皇城宫苑研究》,齐鲁书社,2008年。

[3] 曹尔琴:《唐长安的寺观及有关的文化》,见中国古都学会编《中国古都研究》第1辑,浙江人民出版社,1983年,第144—168页。宿白:《隋代佛寺布局》,《考古与文物》1997年第2期;《试论唐代长安佛教寺院的等级问题》,《文物》2009年第1期;龚国强:《隋唐长安城佛寺研究》,文物出版社,2006年;郭黛姮:《十世纪至十三世纪的中国佛教建筑》,见张复合主编《建筑史论文集》第14辑,清华大学出版社,2001年,第71—92页。

[4] 张天启、张剑光、邹国慰:《唐五代江南城市的园林建设及其特点探析》,《江西社会科学》2014年第4期。

[5] 周宝珠:《北宋东京的园林与绿化》,《河南师大学报》(社会科学版)1983年第1期;程民生:《北宋汴京的园林贡献及"绿政"创举》,《河南师范大学学报》(哲学社会科学版)2017年第1期。

[6] 荣新江:《关于唐两京城坊建筑的著录问题》,见《徐苹芳先生纪念文集》(上),上海古籍出版社,2012年。

六、唐宋城市社会变革研究内容的细化

育建筑、居住与市井建筑、桥梁、建筑艺术与技术等,并分析了经济发展所引起的城市与建筑的巨大变革[1]。

唐宋城市建筑与景观诸要素中,第宅是最丰富而重要的部分。曹尔琴较早地考察了唐代长安住宅的规模[2];杜文玉系统梳理了唐代长安的宦官住宅与坟茔分布[3]。

辛德勇从分析《冥报记》中的报应故事入手,认为《冥报记》所记诸如故事发生的场所等与因果报应并无直接关联的具体事项,大体可以视同信史,有助于复原隋大兴城和唐长安城的面貌。作者指出,隋大兴城建成之初,达官贵人在选择宅第位置时,呈现出比较明显的重西轻东倾向,即更多的人是偏好居住在城区的西部,这与唐代中期以后长安城内居民更多偏好选择东部的情况,形成鲜明的对照,而这正是中国古代城市内部结构的一项重大改变,隋人应是承自先秦时期沿袭下来的"尊长在西"的观念。看似无比严

---

[1] 郭黛姮:《南宋建筑史》,上海古籍出版社,2014年。

[2] 曹尔琴:《唐代长安住宅的规模》,见中国古都学会编《中国古都研究》第13辑,第222—225页。

[3] 杜文玉:《唐代长安的宦官住宅与坟茔分布》,《中国历史地理论丛》1997年第4辑。

整的隋唐西京坊里制，在其始建之初，即已为日后的瓦解种下了必然的因缘，这就是隋大兴城中的居民，实际上是经常舍大街不行而以坊里内部的街道为正途，并利用街道两旁的生活服务设施，这些坊里内部的街道，实质上与坊里制崩溃以后城市街道的性质颇为相似。作者强调，过去在研究唐宋之际坊市制度的变迁时，大多只关注临街开门开店现象的出现和增长，而坊里内部街道与坊外大街之间的地位变换，实际上在这当中也发挥着至关重要的作用。[1]

荣新江指出，在魏晋南北朝时期，"门第"观念最盛。唐朝政权的新贵在长安的特征之一，就是拥有甲第。长安甲第大多数靠近宫城，外观高大、宽广，庭园内部奢华。甲第在长安的城市生活和文化上具有重要的意义。作者认为，甲第反映了一种城市观念的兴起，有了甲第，城市就变得像一座雄伟壮观的城市了。长安是当时东亚，乃至中亚、南亚、西亚人物精英的荟萃之都，也是各国物质文化的集中之地。甲第宏伟，使得许多物质文化的精品汇聚其中。甲第的山池、庭

---

[1] 辛德勇：《〈冥报记〉报应故事中的隋唐西京影像》，《清华大学学报》（哲学社会科学版）2007年第3期。

六、唐宋城市社会变革研究内容的细化

园,成为文人聚会场所,诗人在长安城里可以找到兰亭那样的景致,产生一组组优美的诗歌等文学作品。甲第的营造,也带动了城市生活和城市文化的发展。[1] 通过借助新出墓志资料,荣新江还条理出郭子仪家族京城宅第的分布及其沿革。作者认为,亲仁坊郭宅规模最为庞大,乃家族聚居之所在。这处宅第存在时间至少从安史之乱后,一直延续至晚唐,郭子仪生前便与兄弟聚居于此,到子辈郭曜一代,仍然维持兄弟聚居的面貌。郭氏家族墓志的大量现世,不仅可以促进我们对这一中唐权贵家族的认识,同时将加深我们对长安坊里家族聚居内部构造的理解。[2]

牛来颖则以《营缮令》中的第宅制度为切入点,对第宅制度的约束与实际社会状况形成的极大反差、两者间的冲突和矛盾,以及文本之间的差异,作了深入分析。作者认为,城市居住空间既是地理空间,同时也是社会空间,第宅建筑与居住制度是社会等级结

---

[1] 荣新江:《高楼对紫陌,甲第连青山——唐长安城的甲第及其象征意义》,《中华文史论丛》2009年第4期。

[2] 荣新江、李丹婕:《郭子仪家族及其京城宅第——以新出墓志为中心》,《北京大学学报》(哲学社会科学版)2013年第4期。

构的外在表现，筑宅行为、规模的变化，映现出社会群体间关系的升降消长以及经济发展、技术进步水平。现实状况在与制度的整合当中，伴随着冲突和妥协的过程，在建筑的视野中，演绎出丰富多彩的城市画卷。[1]

唐宋时期，从突破原有的街道构造到城市布局的结构性改变、城市功能的拓展等，最初一个变化就表现在房屋结构和功能的变化。牛来颖从建筑空间的视角，以接檐建筑为例，探讨了城市商业空间、街道形态以及城市管理、城市税赋制度等问题。作者认为，接檐建筑从一种建筑形式的形成，通过侵街造舍的建筑行为的实施，为在唐宋时期突破坊市原有格局、造就新型商业建筑形式和格局起到了催化作用。接檐造舍从纯粹的构筑行为的技术性改变逐步带来城市中建筑空间结构的改变，进而发展形成城市新格局。[2] 此外，牛来颖还通过深入挖掘佛教典籍《法苑珠林》和世俗笔记小说中的文字记述与叙事模式，展现唐代长安城

---

[1] 牛来颖：《冲突与妥协：建筑环境中的唐宋城市——以〈营缮令〉第宅制度为中心》，见黄正建主编《隋唐辽宋金元史论丛》第3辑，上海古籍出版社，2013年，第67—78页。

[2] 牛来颖：《唐宋建筑构造变化与城市新格局——以接檐建筑为例的研究》，《中国经济史研究》2010年第1期。

街坊格局、里宅佛寺等真实的都城景观，揭示唐代都城长安的地理环境及社会文化面貌。[1]作者又通过对天一阁藏明钞本《天圣令·关市令》宋15条关于官属店肆由私人经营的相关规范的释读与唐令复原，认为唐代类似宋代的"系官店肆"性质是官店无疑。[2]

由上可见，越来越多的学者开始注重深入挖掘城市建筑与景观背后所反映的城市社会变革，这已成为一种趋势。

（七）城市社会生活的研究

城市社会生活是城市史研究的主要内容之一，有关这方面的研究成果颇多。其中，李斌城、李锦绣、张泽咸、吴丽娱、冻国栋、黄正建合著的《隋唐五代社会生活史》[3]一书是迄今最系统翔实的关于隋唐时期衣食住行、婚丧嫁娶和风俗礼仪等社会生活的著作，

---

[1] 牛来颖：《〈法苑珠林〉中所见的唐长安里坊与佛寺》，《南都学坛》2010年第2期。
[2] 牛来颖：《唐宋城市的官店与私营——以〈天圣令·关市令〉宋15条为例》，见包伟民主编《中国城市史研究论文集》，第64—70页。
[3] 李斌城等编：《隋唐五代社会生活史》，中国社会科学出版社，1998年。

不少内容涉及城市社会生活。庞德新《宋代两京市民生活》[1]对话本及拟话本中所反映的宋代两京的市民生活作了详细分析，内容涉及城市社会各个阶层、衣食住行、宗教信仰、社会风俗等诸多方面。叶坦、蒋松岩合著《宋辽夏金元文化史》[2]一书在有关宋代饮食服饰、婚丧礼仪、体育竞技等内容中则对宋代城市生活中的特色有所反映。张帆《辉煌与成熟：隋唐至明中叶的物质文明》[3]一书对唐宋时期衣食住行、风俗娱乐的变化有所论述。

黄煜从城市居民生活的角度考察了唐代城市经济的发展和进步。氏著《唐代的城市居民生活与城市经济》[4]认为，唐朝城市的居民生活是城市经济的一种重要表现形式。唐代的繁荣与城市经济有着密切关系，城市居民生活方式典型化与城市经济发展有着直接联系。唐代城市居民的衣食住行表现出城市生活方式的

---

[1] 庞德新：《宋代两京市民生活》，龙门书店，1974年。

[2] 叶坦、蒋松岩：《宋辽夏金元文化史》，东方出版中心，2007年。

[3] 张帆：《辉煌与成熟：隋唐至明中叶的物质文明》，北京大学出版社，2009年。

[4] 黄煜：《唐代的城市居民生活与城市经济》，《华东师范大学学报》（哲学社会科学版）1992年第3期。

六、唐宋城市社会变革研究内容的细化

典型化，居民日常生活必需品的商品化表明城市与乡村生活方式的相异性。城市的居民已被卷入商品经济的轨道。同时，由于城市生活所见所闻范围的扩大，拓宽了城市居民的视野，刺激了他们的消费欲望，这反过来又扩展了市场，进一步促进城市经济的发展。商品经济的发展、广泛的对外交流自然拓宽了城市居民的视野，并促进城市生活的进步，其中也包括了居民的文化娱乐活动的多样性。从唐代城市居民的衣食住行和日常生活设施及环境来看，人们在生活必需品之外还有许多物质追求，人们喜欢时尚、追求时尚、跟随时尚这本身反映出城市人之间相互交流增强了，也反映出整个社会的风气是开放的、轻松的。在唐代城市居民的衣食住行、文化娱乐活动中，各处都可见外来文化的影响。追求新奇服装、饮食以及娱乐游戏的心态，体现了一种新的城市精神风貌、文化素养的内在气质，实质上是城市经济发展的精神物化。作者认为，城市居民以外来的、新奇的物质丰富自己的生活，这预兆了一种观念的变革，是开放性的城市风尚将要产生的一种象征。宋以后城市经济充分发展，有了新的、完备的城市生活系统和精神文化享受，唐代

如何认识唐宋城市社会变革

尤其是盛唐以降的这种城市风尚是这一切的先声。作者强调,城市经济是唐代经济生活中的一个重要组成部分,城市经济发展与盛唐的繁荣有着直接的因果关系。唐之盛,不独是初唐以来政治安定、农业生产稳定持续发展的结果,还有一个重要原因就是城市经济迅速发展。商品生产发展,有了广阔的市场,有了典型的城市生活方式,城市具有更大的吸引力,吸附更多的人。众多国内和外来的坐贾行商使城市充满了活力,城市居民追求一种前所未有的物质的、精神的生活享受的欲望和行动加速了城市生活典型化的进程。唐代的城市生活发展过程,也是它吸取外来文化的过程。唐代的开放政策促成它对外来文化的兼容并取,这种吸取又进一步增强了它的活力、它的强盛,由此又造就了唐代繁荣的经济和辉煌的文化。

林立平从中唐以后社会各阶层日常生活方面的变化着眼,探讨了唐宋之际城市生活中出现的"俗世化"趋向。氏著《中唐后城市生活的"俗世化"趋向》[1]认为,西方学人每每用"俗世化"(Secularization)一词概称

---

[1] 林立平:《中唐后城市生活的"俗世化"趋向》,见中国唐史学会编《中国唐史学会论文集》,三秦出版社,1991年,第229—247页。

六、唐宋城市社会变革研究内容的细化

资本主义兴起的伟大时代，认为这个时代不仅生产日益社会化，人们的日常生活也更加富于流动性和社会性，世界观和价值观也从神灵世界回到了现世。我国固然不曾有过这样的辉煌时代，但并非历史上不存在"俗世化"的过程。中唐后中国社会所发生的历史转折，特别是交换活动的频繁和身份性等级观念的弱化，以及由此促发的社会各阶层在日常生活方面日益广泛的联系，便说明中国历史已经进入一个与近代西方社会颇有某些相似之处，而与魏晋南北朝、隋及初唐社会迥然有别的时代。作者对中唐后社会各阶层的变化进行了逐一考察。首先，作者分析了皇室贵族的生活方式，认为中唐时期出现的"宫市"，表面上是宦官干政的弊端之一，是宫室经费拮据时的掠夺性补救措施；但是进一步深层分析便不难发现，作为都市第一消费集团的皇室，其消费生活已经通过宫市加强了与市场的联系。宫市购买的主要是日常生活消费品，这说明宫廷的日常生活已经在相当程度上依赖于市场，至高无上的皇室贵族也已通过不分贵贱等级的交换方式同世俗社会加强了联系。及至五代、北宋，宫廷与市场的联系愈益密切。由此可见，在等级森严的封建社会

里，与世俗相距最远的社会集团——宫城内的皇室贵族，自中唐以后，他们的消费生活已经从封闭、特权式的自给方式向货币交换、排斥特权的市场渠道转进，不能不说是城市生活开始发生变化的标志之一。其次，作者分析了官吏的生活方式，认为官吏是城市人口中具有相当经济力量和社会影响的阶层，官吏生活方式的变化对城市生活有着重要影响。中唐以前，官僚的生活来源主要是田产、职田、恩赐和俸禄，可视为一种自给性的生活方式。但是中唐后情况开始变化。随着人口增长和土地兼并的发展，耕地资源日见紧缺，通过科举等途径新入仕的官僚未必都能买到土地，而在城市中买不到地皮也就无法建造住宅。因此没有自己的田产和住宅的官吏与日俱增。而中唐以后，随着国家直接掌握的耕地和宅基日益减少，皇帝由赏赐田宅渐渐改为赐给钱帛。在这种社会背景下，官吏的生活方式便发生了时代性的转变。首先，俸禄逐渐成为官僚日常生活的主要依赖，单纯靠俸禄维持生活者普遍增多。其次，官吏直接货殖经商，追逐什一之利。这是在耕地资源日紧、商品经济益盛的情况下，官吏为保障生活消费和满足奢侈欲望的经济手段。俸禄和

六、唐宋城市社会变革研究内容的细化

经商的所得主要不是实物,而是货币。因此,官吏日常生活的主要依赖,他们的吃、住、用等各方面均已通过货币交换和租赁活动同世俗社会展开了广泛联系。原来那种直接获取实物的自给性生活方式渐渐为以货币交换关系为主的消费模式所取代。这就是中唐以后官吏生活方式的时代性转折。最后,作者分析了市民群体的生活方式,认为随着城市人口总量的剧增,以及工商业和零杂业者所占比例的提高,逐渐形成了既不同于农业人口,也不同于官僚贵族,又与西方资本主义前夕的"市民阶级"有所区别的"市民群体",他们不仅是皇室贵族和官僚集团生活方式发生转化的社会基础,而且自身的劳动与生活也步入了新的历史时期。第一,市民的职业结构日趋完善,使他们的消费生活也达到了相当高的社会化水平。第二,市民的劳动生活更加轻灵活泼,在空间和时间方面均已大大提高了自由度。可以说市坊封闭结构的崩溃是市民生活已经跃起的重要标志。第三,市民开始形成一股社会势力,他们的社会地位有了显著提高。第四,市民的文化娱乐活动更加丰富多彩。作者强调,中唐以后城市生活确已发生历史性转折。皇室贵族和官僚士大

如何认识唐宋城市社会变革

夫的特权式的自给性消费方式已经发生变化,他们的日常生活开始通过各种途径同世俗社会展开了日益广泛的联系。城市工商业及零杂业劳动人口的膨胀,是官僚贵族生活方式转化的社会基础,他们自身的劳动分工越发周密,一种社会化水平更高的消费模式开始取代以往小生产者自给自足的狭隘生活。在商品、货币、交换、市场的杠杆作用下,身份性等级观念已经淡薄,新的价值观念逐渐确立,整个社会的各个阶层都已卷进商品货币经济的大潮之中,带着神秘光环和封闭特质的等级性生活开始世俗化了。同时,作者认为,还并不能说宋代已是"中国近世",因为唐宋之际所开始的"俗世化"过程还主要局限于消费生活领域,社会生产尚未大踏步地向社会化产业迈进。也就是说,自中唐以降迄止鸦片战争的中国社会,既与西方近世在生活的俗世化方面有相似之处,又在生产的社会化方面有根本区别;既与魏晋隋唐之际有承继关系,又在社会生活方面截然不同。它有别于一般概念的"中世纪",又不同于西方的"近代",这个时代的特质是生产尚未社会化而生活业已社会化,我们不妨称之为"近古"或"准近代"。

六、唐宋城市社会变革研究内容的细化

吴晓亮从城市生活的变化方面探讨了唐宋时期城市居民的消费变迁。氏著《从城市生活变化看唐宋社会的消费变迁》[1]认为,唐宋时期,随着社会经济的发展以及物质生产和商品交换水平的不断提高,民众可享有更好的物质消费与更高水平的精神消费成为可能。在城市中,生存性消费品的充裕和富足,精神及享乐性消费的多样化与大众化,发展性消费日益受到重视和社会化程度不断加深,其中又以各种消费的日益市场化为重要特征,这些都反映了唐宋时代的社会变化。作者指出,唐宋时期,中国城市经济有了较大发展,不仅表现在各个生产部门,而且表现在城市居民消费的方方面面,因此,作者主要针对节庆消费、性欲消费、曲艺说唱消费以及人们为转变身份而进行的人力、资金和教育的个人或家庭的投入等具体现象,分析了那一时期人们在精神享乐性消费和发展性消费中的特点。作者认为,精神消费是一种既基于物质基础但又高于物质基础的消费,它通常应在人们的基本生存需求得到满足后才可能产生,所以,精神消费水

---

[1] 吴晓亮:《从城市生活变化看唐宋社会的消费变迁》,《中国经济史研究》2005年第4期。

平又是我们衡量社会发展水平的一个标尺。作者把节庆消费首先看成一种精神消费，认为它与物质消费联系密切，有其特殊价值。由于节庆习俗是唐宋社会生活的重要组成部分，而饮食消费又是节庆消费中的重头，所以饮食消费成为节庆消费中发展变化最明显的一种。传统节庆饮食市场的扩大化较普通饮食市场的存在更能够反映当时民众消费较深层次的变化。从民俗的角度来看，唐代元旦节庆消费以家宴为主要内容，说明其消费还带有乡村经济那种以家庭为基本单位、传统都市社会化程度不高的特点；而宋代的节庆消费直接进入市场则说明其消费日益社会化、日益市场化的特点，具有明显的都市特征。节庆消费是否在家庭或庭院内外、是否直接进入市场，实际上反映的是唐宋社会变迁的一个侧面。换句话说，唐宋的都市虽然都十分发达，但仅就节庆消费来看，唐代的都市仍然有较多传统的乡村气息，而宋代都市则表现出更多的城市化特点。享乐性消费是一种能够较真实地反映人们生活质量的消费。由于它是一种为了使人达到身心愉悦，或说可使人体感官产生愉悦的一个感受过程，而且其精神愉悦的成分常常超过在此过程中依然

六、唐宋城市社会变革研究内容的细化

存在的物质享乐的部分,在一定程度上反映出消费者的喜好和价值趋向。这种消费通常是在生存资料得到满足并有盈余时才会产生。随商品经济的发展,城市的各种享乐日益商品化,有的活动就是像商品一样推向市场,其享有者不再是仅有达官显贵,而且有普通民众,他们都必须通过买卖的形式才能进入娱乐市场。这就是唐宋时期享乐性消费的重要变化。个人发展性消费是一种基于某种目标,为了最终实现那个目标而进行的先期投入或说消耗,它包含有个人或家庭的个体劳动和资金投入。这种投入也是常常受到个体或家庭收入的制约。城市是工商业集中的地方,个人的发展性消费不仅改变着自身的生活质量,而且对城市的繁荣与发展做出重要的贡献。在唐宋时期,最能体现个人发展性消费的是那种为谋求社会身份和地位变动而发生的消费。由于商品经济的发展,个人与市场的联系越来越密切。唐宋是科举制度发展的一个重要时期,科举制确立后,科举考试就成为一股热潮,其中进士科尤为世人所看重。由唐至宋,在"学而优则仕"的社会推力下,有越来越多的平民家庭在经济收入极其有限的情况下,对教育进行投入,以期通过发展性

消费获得更好的收益。作者强调，唐宋城市的节庆消费最突出的一点就是走出家庭，进入市场和广阔的社会空间，体现出一种由乡村习俗向都市习俗的转变；精神享乐性消费那种日益为大众服务、为大众所享有的趋向，同样是唐宋城市都市化水平发展的表现；而发展性消费的日益增大则体现出那个时代民众自觉的一面，是社会的进步。

王永平则专门探讨了唐代城市居民的文化娱乐生活[1]。作者指出，城市的繁华程度突出表现在文化娱乐生活的高度发达上。随着城市商品经济的发展和人口的增加与流动，唐代城市的规模不断扩大，数量也有所增加，城市居民的构成成分越来越复杂，无论是达官显贵、富商巨贾，还是贩夫走卒、市井百姓，对文化娱乐的需求都越来越旺盛，品质要求也越来越高，这在无形中促进了城市文化娱乐生活的活跃与繁荣。作者认为，唐代城市文化娱乐生活的形式多样，内容丰富，既有适合城市社会各阶层口味的大众文化娱乐活动，也有满足特定阶层和在少数人中流行的文化娱

---

[1] 王永平：《唐代城市居民的文化娱乐生活》，《光明日报》2017年6月26日第14版。

乐项目，并呈现出这样几个特点：城市文化娱乐生活空间的扩大；城市文化娱乐生活时间的延伸；城市文化娱乐生活与节俗的结合；城市文化娱乐生活中具有外来元素；女性成为唐代城市文化娱乐生活中的一道亮丽的风景线。

总的来看，在城市社会生活研究方面，唐宋时期的城市社会生活逐渐俗世化这一点已为学界普遍关注。然而，已有成果虽多，但是纵贯唐宋的深入研究仍显不足。

（八）城市医疗卫生与社会保障的研究

城市医疗卫生与社会保障作为城市史的重要研究内容，近些年来，越来越受到人们的关注。

梁庚尧较早地分析了南宋城市公共卫生问题的形成及其原因、政府的应对措施、公共卫生问题对环境与社会所造成的部分影响。氏著《南宋城市的公共卫生》[1] 指

---

[1] 梁庚尧：《南宋城市的公共卫生问题》，《史语所集刊》第70本第1分，1999年；梁庚尧：《南宋城市的公共卫生》，见苏智良主编《都市史学》，上海人民出版社，2014年，第118—153页。

出，宋代城市的繁荣，造成一些问题，政府和城市居民都必须面对的公共卫生问题。城市公共卫生问题的产生，与当时城市人口大量增加有密切关联。作者认为，城市公共卫生问题，自北宋中期以后逐渐引起注意，到南宋时期尤其明显，见于多处城市。问题的造成，有相当成分与部门民众缺乏环境卫生观念有关，也牵涉到政府和居民贪图经济利益。问题既已逐渐严重，政府采取了多方面的措施。尽管政府措施所发挥的效果有一定的限度，但有比较长远的影响。惠民药局、养济院、义冢等公共卫生与社会福利设施在城市中普遍设立，是宋代以迄明清城市的一大特点，宋代（尤其是南宋）则是其奠基的时期。而城市卫生环境恶化之后，疫病容易流行，应是其所以会出现并且延续的部分原因。

于赓哲则考察了中国中古时期的城市卫生状况，提出在中国古代对疾病成因的理解中，抽象的"气"始终是一条主线，中国古人认为气弥漫天地间，可以躲避，可以通过增强个人体质和修养加以抵御，但却缺乏整体化的卫生概念。中国古代维护群体健康的手段多种多样，但有不少属于无心插柳柳成荫。例如对

六、唐宋城市社会变革研究内容的细化

粪肥的使用维护了城市卫生,坊市制和宽大的街道限制了某些疾病的传播等。实践经验也可以帮助人们通过城镇改造规避病源。但医家和宗教思想家常将医疗和健康看作个人事务,士大夫有关健康的观念则从属于他们的儒家教条。可以说种种卫护健康的措施从未上升为公共事务。作者认为,用西方式的术语和思维来审读中国历史是找不到"卫生"的,因为它散落在各个角落,从不同维度起到一定的卫护健康的作用,但是从来没有任何人、任何思想将它们整合起来,直到近代西学东渐为止。[1]

李华瑞《宋代的社会保障与社会稳定》[2]分析了宋代社会保障的对象、社会保障的基本制度和措施、社会保障实施的特点和社会保障的效应,其中部分内容涉及城市社会保障。

陈国灿则通过系列论文专门探讨了宋代城市的社

---

[1] 于赓哲:《中国中古时期城市卫生状况考论》,《武汉大学学报》(人文科学版) 2015 年第 3 期。

[2] 李华瑞:《宋代的社会保障与社会稳定》,《探索与争鸣》2016 年第 3 期。

会救助。氏著《南宋时期江浙城市的贫困救助》[1]提出，南宋时期，随着市民贫困化现象的不断加剧，江浙城市的贫困救助日趋活跃，其救助对象包括贫民、穷民、流民等不同社会群体，救助内容涉及赈饥、救寒、助医、助葬等诸多方面，救助方式包括有偿赈济、无偿赈济、集中收养等。从中可以看出，传统社会救助开始突破原来的荒政模式，由临时性的灾荒救助转向日常性的生活救助，而且城市越来越成为官方救助的重点。作者认为，南宋时期江浙城市的贫困救助是很完备和不稳定的，许多方面尚处于起步阶段。

氏著《论南宋城市的官方救助体制》[2]指出，南宋时期，随着市民贫困化现象的不断加剧，城市社会救助问题进一步引起官方的重视，其救助类型有面向贫民和穷民的预防性救助、面向灾荒民众的补救性救助、面向特定群体的补偿性救助，救助机构有综合性和专门性之分，救助形式和方法有无偿、有偿、放免、收养、资助等。与传统荒政的既有模式相比，南宋城市的官

---

[1] 姚培锋、陈国灿:《南宋时期江浙城市的贫困救助》,《浙江学刊》2011年第4期。
[2] 陈国灿:《论南宋城市的官方救助体制》,《江海学刊》2011年第5期。

六、唐宋城市社会变革研究内容的细化

方救助具有对象的广泛性、内容的多样性、行为的规范性等特点,但就其体制而言是不成熟的,存在着诸多不足和局限。

氏著《论宋代江南城市的社会救助》[1]提出,两宋时期,江南地区逐渐形成了面向城市的社会救助体系。其中,官方救助主要有预防性、补救性、补偿性三种,救助对象包括普遍贫困居民和特殊穷困群体,救助方式有赈济、赈贷、收养、放免、资助等。民间救助主要有社区救助和同业救助,施行救助主体包括士人、工商富室和僧道人员,救助内容主要集中于饥寒救济。相对传统荒政和乡村救助,宋代江南城市的社会救助有着诸多新特点,呈现朝社会保障体系发展的趋势。作者认为,通过对江南地区城市社会救助的考察和分析,不难看出,入宋以后,传统社会救助开始发生一系列引人注目的变化。这种变化从表面上来看是以城市为中心的新型救助体系的逐渐确立,由此形成城乡两种救助体制并存的格局,实质乃是传统荒政向构建社会保障体系发展的一个初始形态。从更广阔的历史

---

[1] 陈国灿:《论宋代江南城市的社会救助》,《江西社会科学》2011年第12期。

视野来看，尽管此期的城市社会救助并未达到成熟和完备的程度，却从一个侧面透视出中国古代都市文明的发展和市民意识的不断增强，这是此期社会变革的一个重要反映。

氏著《论宋代城市流浪人员的官方救助》[1]指出，入宋以后，随着城市社会贫富分化的不断加剧，流浪人员问题日益突出，宋朝官方逐渐建立起相应的救助体制。其救助内容及方式主要有济和养两方面，前者重在饥寒、养病等方面的救济，后者则是集中收容和济养。从实际情况来看，宋廷颁布的相关政策与条令在北宋中后期实施效果相对较好，南渡后逐渐流于形式；地方自主性救助在南宋时日显活跃，并取得了一定成效，但也存在缺乏稳定性等局限。宋朝官方对城市流浪人员救助的制度化趋向，既反映了城市发展和转型所带来的影响，也是构建社会保障体系的某种初步尝试。

---

[1] 陈国灿、刘洁:《论宋代城市流浪人员的官方救助》,《河北学刊》2014年第5期。

氏著《民生为重：宋代城市的官方医疗救助》[1]指出，随着城市发展和市民贫富分化的不断加剧，宋代官方医疗救助日趋活跃，逐渐形成了相对完整的救助体制，并在不同时期呈现出不同的具体形态。宋政府面向城市的医疗救助主要有疾病救治、医药救助和疾疫防治三方面，其救助对象以穷民和贫民为主，在特定情况下也包括普通市民、流动人员等诸多社会群体。作者认为，与前代相比，宋代城市的官方医疗救助具有制度化、系统化、规范化的特点。不过，宋代城市的官方医疗救助虽表现出社会保障的某些特征，但就其本质而言，仍属于传统"仁政"思想指导下的"恩赐"行为。对于赵宋统治者来说，无论是面向城市的社会救助，还是针对乡村的赈灾救荒，都不过是用以体现"仁政"的方式而已，目的在于更好地争取民心，稳固统治。从这个角度来讲，宋廷对城市医疗救助的重视，从某种程度上可以说象征意义大于实际意义。同样，由于各级官员主要出于"与民为仁"的为官意识和处世观念来参与各种救助活动，故不少城市的官方医疗

---

[1] 陈国灿、陈雪瑶：《民生为重：宋代城市的官方医疗救助》，《探索与争鸣》2016年第3期。

救助往往表现为有关官员的个人行为，致使救助措施时断时续，救助内容反复多变，救助机构时兴时废。陈国灿在中国古代社会救助史的发展进程中，揭示了宋代城市官方医疗救助的意义，强调宋代是一个重要的发展和转型期，其突出表现之一是官方救助的重点由乡村扩大到城市，进而在一定程度上开始超越传统荒政的既有模式，呈现出向日常性社会保障体制发展的趋势。

氏著《宋代城市的社会救助》[1]认为，宋代城市社会救助是在官方的推动和主导下兴起的，是宋政府面对城市转型和社会变革所作出的一种反应。民间救助是宋代城市社会救助体系的重要组成部分，它是随着市民阶层的发展壮大和市民社会意识的不断增强而兴起的。从表面上来看，宋代城市社会救助体系的形成和发展，不过是官方主导、官民结合的传统救助模式由乡村向城市的移植。但实际上，城市和乡村对社会救助有着不同的需求，城市救助活动既有别于此前历史上的传统形态，也与乡村民间救助存在很大的差异。

---

[1] 陈国灿：《宋代城市的社会救助》，《人才资源开发》2018年第6期。

六、唐宋城市社会变革研究内容的细化

相对于传统荒政和民间宗族互助，宋代城市社会救助有三个突出特点：一是救助对象的开放性和广泛性；二是救助活动的日常性和系统性；三是救助行为的组织性和规范性。

陈国灿的研究特点在于，作者不仅把握社会救助的制度与措施，而且聚焦社会救助的典型区域和特殊人群，能够从社会变革的视角揭示城市社会救助的历史意义。

（九）城市文化的研究

城市是人类社群文明结聚的具体产物，城市中的各种生活形态，最能反映社群的活动倾向与文化价值。近年学术界研究中国城市史，已逐渐注意到城市内部的族群行为，透过他们的思想风俗、生活习性、宗教文化等层面来展示当时城市人群的真实意识。例如日本学者比喻唐代的长安和洛阳为"游荡都市"[1]，宋代的

---

[1] 参见〔日〕大室幹雄《遊蕩都市——中世中国の神話、笑劇、風景》，三省堂，1996年。

开封则与"祭祀都市"[1]相关,这些都市文化现象的概观,已然突破了社会学上的城市理论框架。

香港学者赵雨乐以唐宋时期相国寺的发展演变为线索,对变革期的城市文化进行了详细考察。氏著《从相国寺看唐宋时期的都城文化》(又名《北宋的都市文化:以相国寺为研究个案》)[2]认为,唐代的相国寺还俨然为一佛教艺术馆,但随着唐代由盛转衰,政局日趋混乱,汴梁作为黄河以南的川河交界之地,在交通、财政与军事战略上都具备高度价值,为兵家必争之地,加深了当地民众对佛教救难脱苦的各种愿望。黄巢乱起,中原残破,朱全忠据地为宣武节度使,自立藩镇体系,相国寺遂成为藩府内的建筑主体之一。就宗教迷信而言,相国寺位于大内南面,为阴气较重之地,与唐代两京以南镇慑鬼魔之说相类,不排除寺院对于藩镇本身具有消弭灾患的原始意义。而且唐代后期政

---

[1] 参见〔日〕梅原郁《皇帝・祭祀・国都》,中村賢次郎编《歷史中の都市——續都市の社會史》,ミネルゲア書房,1986年。

[2] 赵雨乐:《北宋的都市文化:以相国寺为研究个案》,《新宋学》第2辑,上海辞书出版社,2003年,第30—46页;或见《从相国寺看唐宋时期的都城文化》,《从宫廷到战场——中国中古与近世诸考察》,中华书局,2007年,第265—297页。

六、唐宋城市社会变革研究内容的细化

局动荡,藩帅与当地住民构成祸福利害的共同体,政治、社会、宗教的活动互为关联,使相国寺在汴梁的藩镇生活下不断延续。五代虽经祸乱,但汴都作为五代大部分中原政权的根据地,还是处于相对稳定繁荣的局面。相国寺成为民众游历的名胜古迹,因雕塑、绘画、翰墨、园林、建筑诸艺术巧妙结合,文化色彩愈为浓厚。无论是在京人士,抑或是访京客旅,往往题诗咏景于此,它已然成为宗教以外文人活动交往的地点。宋前期士人以相国寺为交游之所,文学的艺术活动,丰富了相国寺的文化遗产,书画之间的观摩与交流,亦提高了相国寺在全国的知名度。随着汴都地位的不断提升,相国寺自唐、五代迄宋,遂由地方性的寺院转化为首都之内有数的名寺。作者认为,相国寺构成聚集热点,有宗教渊源与文化重塑的复合因素,士庶入寺参拜、游园、休憩、玩乐,各种集体活动缔造庞大的消费市场,凭借商品集散的地理优势,宋初相国寺的瓦市遂应运而生。若以相国寺及其周边范围作为一观察对象,士人的修养夹杂着错综复杂的生活习惯与嗜好,是近世通俗生活的最佳写照。唐宋以降相国寺藏品丰富,人流聚集进出,这蕴含各类复杂的

成因，唯当中长期承传的宗教基调，尤其是释、道信仰中讲求护佑与功德的意图，对五代入宋的政权而言，无疑是重要的精神支柱。营造寺院与建立合法政权，二者息息相关。统治者支配相国寺，便于收发政治信息，同时是接近民众的有效渠道。唐宋之间关于相国寺的记录当中，不少涉及显贵的政治活动，或从寺中得到启示，或因寺中受祸，意多神怪冥合，凡此反映宋人对宋政权的认同，抱持一种灵验而因果报应的俗民观念。由此可知，相国寺不仅为宋代文化艺术、商品交易的结晶，于宋代文人深层的思维模式当中，亦不断衍生出因果相报的教化观念。作者最后得出结论，认为，（1）唐五代至宋的相国寺，有其一脉相承的宗教思想，当中的弥勒救世、降鬼伏妖的民俗信仰，往往能配合乱世政治的需要;（2）相国寺成为文化荟萃之处，得力于汴都的商品经济发展，唯士人于当中从事的文化重塑工作，以南唐归宋后的整合过程尤值得加以讨论;（3）宋代笔记中的相国寺，除强调帝后由佛祖护佑之余，上对将相大臣，下至士庶百姓，都具有灵验的因果善恶指引，凡逾越政治界限、触犯个人操守，均得到相应的处分;（4）宋代文人与寺院关系密切，既作为学术交游的渠道，亦涉及各种私家嗜好和经济活动，构成士人阶层雅俗文化相得的场所；（5）作为政治与经济名城，相国寺以位置优越见称，能扮演大内与城外的活动中介，都人于相国寺的所见所闻，无疑成为资讯收集和发放的重要渠道。

宋代的相国寺集政治、社会、经济、宗教等元素于一身，构成都市中不可或缺的社区网络。赵雨乐的研究，其特点在于：作者以相国寺为研究对象，抓住唐宋之际这个变革的重要阶段，考察相国寺由唐、五代以至宋的层累演变，揭示士庶社会与商品经济的蓬勃发展和都市文化的生动面貌，这一角度十分新颖。

程民生在宋代城市文化研究方面取得系列成果。氏著《略论宋代市民文艺的特点》[1]提出，宋代城市的成熟和市民阶层正式登上历史舞台，使代表城市文化的市民文艺应运而生。作者认为，宋代市民文艺的主要特点是：与农民对立，以农民为取笑对象；市场的产物，商业气息浓郁；风格柔软婉转；固定的大型演艺场所涌现，形成文艺市场并使文艺商品化；具有侵

---

[1] 程民生：《略论宋代市民文艺的特点》，《史学月刊》1998年第6期。

蚀封建礼教的非正统性。市民文艺属于消费文化，突出的是追求感官享受的娱乐性，成为民间文化的主流，引导着文化向俗文化方向发展。作者强调，宋代市民文艺重大的文化意义和政治意义不可忽视。

氏著《中国历史文化中的汴京因素》[1]指出，北宋东京开封，由于地处中原地区以及全国水陆交通的中心，在成为全国政治中心的同时也成为经济、文化中心，乃是当时世界上人口最多、最繁华的超级城市。由于坊市制的打破，开封成为近代城市的源头和代表，比以往任何都城都更具活力。作为亚洲各国经济文化交流中心的开封，大都市的集聚功能同时产生出强大的辐射功能；不仅领袖全国，而且被周边政权学习；不仅影响当时，而且波及后代，在历史上发挥了巨大带动作用。作者认为，在中国城市史中，北宋开封是一大转折，即由封闭的古典城市转为开放的近代城市，形成崭新的都市人文景观，商业高度发达，城市居民坊郭户与农民乡村户在户籍中分开，即市民阶层正式登上历史舞台，市井文化随之应运而生，并成为引导

---

[1] 程民生:《中国历史文化中的汴京因素》,《史学月刊》2014年第1期；或见包伟民主编《中国城市史研究论文集》, 第137—159页。

六、唐宋城市社会变革研究内容的细化

俗文化的主体。城市发展史上的这一拐点,走出一条新路,激起众多历史新现象,为历史提供了一个新的、舒适的生活方式。作为百余万人口的新型、大型都市,集聚功能空前强大,各种汇聚文明经过东京这一中心都会的点化,无不大放光彩,因此产生的辐射功能同样空前强大。历史文化中的汴京元素,由地域文化扩展为时代文化,是宋文化的代表,是宋以降传统文化的重要组成部分,并成为当今世界上中国传统文化的代表之一。如果说宋代是我国历史上经济、文化、城市发展的黄金时代,那么汴京元素就是那耀眼的光斑。概括而言,汴京元素的内容主要包括都城建筑、文学艺术、市井文明、吃喝玩乐、人才培育;其特点主要包括京师气派、创新精神、市民风格、享乐主义以及生命力强、具有世界性。汴京元素使城市建设人性化,城市生活舒适化,社会文化平民化,人民生活有了更多的精神、物质享受,核心价值是城市的解放、人性的解放。

近年来,程民生又从文学、艺术、科技、习俗等

方面进一步深入挖掘北宋开封的城市文化内涵。[1]

龙登高《南宋临安的娱乐市场》[2]探讨了南宋市民娱乐的市场形态、文化娱乐的市场化经营、市民文化与娱乐市场、移民与临安娱乐市场、南宋杭州城市市场体系中的娱乐市场、南宋杭州娱乐市场在市民文化演进史上的历史影响等问题。作者认为,南宋市民娱乐的市场形态可以分为"货郎"式流动市场、娱乐"集市"、娱乐常市和娱乐专业市场,而专业市场是文化娱乐市场的最高形态,这就是勾栏瓦舍。娱乐业与商业的相互交融,是宋代杭州娱乐市场发展的重要表

---

[1] 参见程民生《金石学发祥汴京论》,《中原文物》2015年第1期;《汴京词都论——汴京对宋词发展的巨大贡献》,《社会科学战线》2016年第4期;《汴京对火药应用发展的贡献》,《军事历史研究》2016年第6期;《〈清明上河图〉及其世界影响的奇迹》,《河南大学学报》(社会科学版)2016年第1期;《木板年画发祥传播的史学研究》,《首都师范大学学报》(社会科学版)2016年第5期;《论汴京是中国戏剧的发祥地》,《中原文化研究》2015年第5期;《影戏在汴京的发祥与流传》,《河北大学学报》(哲学社会科学版)2017年第3期;《七夕节在宋代汴京的裂变与鼎盛》,《中州学刊》2016年第1期;《交年节在汴京的创建及流传》,《河北大学学报》(哲学社会科学版)2016年第3期;《腊八粥在宋代汴京的创制及后代的变异》,《历史教学》2016年第22期。

[2] 龙登高:《南宋临安的娱乐市场》,《历史研究》2002年第5期;或见苏智良主编《都市史学》,上海人民出版社,2014年,第154—179页。

六、唐宋城市社会变革研究内容的细化

现形式。在这一市场中,具有日趋专业化的从业人员队伍,出现了行会性的行业组织。作者指出,就人类文化变迁史而言,大体经历了巫术化—贵族化(宗教化)—平民化几次大的变迁,而宋代正处于从特权(贵族)文化向大众(平民)文化过渡的初始阶段。宋代社会变迁广泛而深刻,大众文化与娱乐市场的初兴是宋代社会经济变迁的必然产物。娱乐市场的发展,丰富了宋代大众文化,在初兴的市民社会与市民文化的成长进程中打下了独特的烙印。南宋杭州娱乐市场,推动了市民参与文化创造与历史解释。可以说,龙登高将经济史、文化史等领域的研究结合起来,从娱乐领域考察文化市场的发展,在方法论上确实别具一格。

然而,宋代城市文化与此前历史时期相比较,究竟是一种承续关系还是断裂关系呢?包伟民对此进行了重新思考。氏著《两宋"城市文化"新论》[1]指出,前人讨论中国古代"城市文化",虽然清楚区分了当时的"市民"与欧洲中世纪市民阶层的显著差别,然立足点仍在于探寻"城市文化"之可能蕴含的"自由""新型"

---

[1] 包伟民:《两宋"城市文化"新论》,《文史哲》2012年第5期;或见《宋代城市研究》,第324—353页。

等精神，因此明显带有某种理论的预设。若将两宋时期的城市居民视作一个整体，来讨论"市井文化"的特征，从表象来看，两宋市井文化清雅与市俗共存，骄奢与村愚并现。深入分析可见：一方面，随着城市的发展，政治、经济与文化等各种要素不断聚集于城市，相对于乡村，城市占有文化上的主导地位。另一方面，由于士大夫阶层拥有政治核心资源等原因，一如既往地掌握着文化的霸权。执城市文化之牛耳者，仍然是官而非商。作者认为，市井俗文化的崛起是宋代城市的新面相，这也使得它在相当程度上呈现出与前期城市不同的阶段性特征。同时，随着士大夫阶层城居的经常化与规模化，政治之外的经济、文化等要素之集聚于城市的程度，前所未有。这一切，都昭示着两宋时期城市文化的更新，可与经济增长相媲美。另一方面，就基本文化格局而言，则并未出现如经济领域那样较大跨度发展的现象，承续传统仍为主流。无论如城乡文化差异，还是如士大夫雅文化的强势地位，都是如此。唐宋间未见特别的"转折"。或者可以这样认为，唐宋间城市文化发展在政治领域的主要意义，在于它承续并巩固了唐代以来由于士大夫阶层

六、唐宋城市社会变革研究内容的细化

城居、文化资源集中于城市所带给专制国家在文化上前所未有的控制权。国家制度的一些重要演进,尤其如科举制度全面发展所赋予国家在文化上的垄断性地位,是促成这一转变的重要因素。因此,虽然从某种角度而言,可以认为近代以前的中国传统文化仍属乡土文化,可是从两宋时期起,这种文化的中心显然已从乡野转移到了城市。

(十)城市生态环境与城市灾害的研究

环境和生态危机是当今世界最引人关注的突出问题之一。自20世纪70年代以来,环境史的形成和发展已成为国际史学界最引人关注的新领域之一。至20世纪末,环境史在西方已颇具气候,而中国与环境有关的历史研究也越来越受到人们的关注。

在城市生态环境研究方面,史念海先后主编《汉唐长安与黄土高原》及《汉唐长安与关中平原》[1],以黄土高原、关中平原的生态变迁为切入点,探讨了生态

---

[1] 史念海主编:《汉唐长安与黄土高原》,《中国历史地理论丛》1998年增刊;《汉唐长安与关中平原》,《中国历史地理论丛》1999年增刊。

变迁与汉唐长安繁荣发展的关系。这是在城市生态环境研究方面较早且有较大影响的重要成果。

程遂营则对唐宋时期开封的生态环境进行了较为系统的研究。氏著《唐宋开封生态环境研究》[1]选取唐宋开封的生态环境作为探讨对象，力求从气候、水文、地形地貌与土壤、植被、城市建设与规划、城市的公共环境等方面，展现当时开封管辖范围内生态环境的整体面貌，进而考察生态环境与开封社会发展的某种内在联系。目前，我国史学界对于古代生态环境问题的探讨，主要从四个方面着手：气候、水文、地形与土壤、生物资源。它们包括了未经人类改造过的自然环境因素如气候、自然河流与湖泊、地形与土壤条件，也有经过人类改造的社会环境因素，如人工运河、人工植被等。除了上述四个方面，作者认为，在古代，随着大规模、大范围城墙建设的出现，它的作用已不仅限于安全防卫，也划定了城市的地理空间和居住区域，散布于城内的官署、仓场、军营、行市、宫观、寺庙及一些重要娱乐场所等的位置，也会大大影响城

---

[1] 程遂营:《唐宋开封生态环境研究》，中国社会科学出版社，2002年。

六、唐宋城市社会变革研究内容的细化

市的环境状况,因而应该成为城市生态环境的组成部分。与此同时,在一个相当规模的城市,尤其是都城,它的公共环境因子如木材与燃料供应、火灾及其防护、供排水系统、垃圾处理和污水排放、重大疾疫及其防治等,都是与城市居民生存、生活质量密切相关的内容。作者既考虑自然因素对古代城市生态状况的影响,又对社会与人为因素加以关注。通过探讨生态环境与社会发展的关系,作者强调在唐宋时期社会变迁的诸因素中,生态环境变化所起的作用是毋庸置疑的。

陈涛从环境史视角对唐宋史学者所熟稔的"马行街无蚊"这则史料进行了重新解读。氏著《论"马行街无蚊"——从环境史角度的诠释》[1]提出,城市是一个以人类为中心的社会、经济、自然的复合生态系统。城市的最大特点是人口高度集中,马行街作为都城夜市、酒楼极繁盛处,在城市生态系统中,这里人口流、物质流、能流、信息流最大、最集中。在一定的时间和空间范围内,随着人类活动强度和频率的加大,从而盲目加快开发利用环境资源,改变了城市地区的地

---

[1] 陈涛:《论"马行街无蚊"——从环境史角度的诠释》,《社会科学论坛》2007年第10期(学术研究卷)。

形、地貌，造成大气和水体污染、温度和湿度的改变，破坏了自然生态系统的自我调节和修复能力，使人与其周围环境之间的生态关系失调，破坏了原有的生态和生态平衡，给城市生态环境造成了沉重压力。"马行街无蚊"，即是从一个侧面对此做出的反映。作者认为，"马行街无蚊"，体现了宋人在人与自然关系问题上的一些看法（即环境意识）；折射出随着人口的增加、社会经济的繁荣、城市空间的扩展、人类社会的进步，自然环境和人化环境在不断地发生消长变化；实质上反映了人类活动空间的拓展，侵夺、破坏了"蚊"（或其他生物）的生存环境和生存条件，而破坏生物的生境是最致命的；警示人们应该科学、正确地处理好社会经济发展同人口、资源、环境的协调、和谐发展。

从环境史的视野探讨生态环境与城市社会发展的关系，无疑有助于进一步开阔我们的研究思路。

中国文献史料中关于各类灾害的记载颇多，然而灾害与生态环境之间往往有着内在联系。在城市环境的研究过程中，近些年，关于城市灾害的研究也逐渐为学者们所关注。

方湖生较早地分析了开封历史上主要灾害类型及

六、唐宋城市社会变革研究内容的细化

特点,并指出宋代开封处于灾害的群发期。[1]程遂营专门探讨了唐宋时期开封的气候与自然灾害间的关系,认为唐宋开封的自然灾害必然会在一定程度上影响这一时期开封的气候状况,但是在从隋唐到北宋初年的400多年时间里,开封基本上维持了温湿的气候特征,只有公元1000年以后的100多年间,开封的气温才开始明显地转向寒冷和干燥。综合而言,唐宋开封的气候还是以温湿为主的。与气候的前后变化相伴随,唐宋开封的水、旱、蝗、风沙等自然灾害也不断出现,但这些灾害并不能从根本上改变温湿气候的总体特征。[2]

张全明则重新考察了北宋开封地区的气候变迁及其特点,提出北宋开封地区的气候,绝大部分时间表现为继唐代以来我国气候变迁史上第三个温暖期的延续。其转变为第三个寒冷期的时间不是如近几十年来学者们承竺可桢所说的北宋前期,而是在北宋后期的

---

[1] 方湖生:《开封历史上主要灾害类型及特点》,《开封教育学院学报》1992年第3期。
[2] 程遂营:《唐宋开封的气候和自然灾害》,《中国历史地理论丛》2002年第1辑。

徽宗初年。建中靖国元年（1101）前后，开封地区气候突然发生明显变化而进入了新的寒冷期。其间尽管这里的气候在徽宗、钦宗年间曾出现过由温暖期向寒冷期的突变，但总体上是一个渐进的变化过程。在当时每一段温暖期与另一段寒冷期气候交替变化的周期中，每一个较长时间的气候变化周期内都有若干个气候暖、冷交替变化的短周期，甚至在每一个短的气候暖、冷变化的周期内还有一些特别偏寒冷或偏温暖的年份。[1]

气象灾害作为人类生存和发展的重大威胁之一，既有其特殊的孕灾环境，又有重大的社会政治影响。程民生《靖康年间开封的异常天气述略》[2]指出，靖康年间，开封在面临宋代以来最严重的政治、经济、军事危机的同时，也经历着宋代以来最复杂恶劣的气象变异。多大风、大雾以及罕见的冬季冰雹，尤其是冰雪严寒，为金兵攻城提供了帮助，但后来极端的寒冷

---

[1] 张全明：《论北宋开封地区的气候变迁及其特点》，《史学月刊》2007年第1期。

[2] 程民生：《靖康年间开封的异常天气述略》，《河南社会科学》2011年第1期。

六、唐宋城市社会变革研究内容的细化

连生长于东北的金兵也难以忍受。作者认为,靖康年间的社会历史巨变,伴随着气象的极端和异常。开封的陷落与北宋的灭亡,当然是政治、军事腐败的结果,但极其恶劣的气象条件起到了助纣为虐的加剧作用。"靖康之难"不仅是政治灾难,也是气象灾难。氏著《北宋开封气象对社会历史的影响》[1]提出,天人合一的传统观念使宋人对开封气象极为敏感,开封气象已然从关乎本地的自然问题,上升为事关国家大计方针的大问题。突出表现在迫使皇帝广开言路、自省悔过,改换年号及改变政局、调整政府人事,改善民生及赦免囚犯等。作者强调,开封气象具有牵一发而动全身的作用,不仅牵动着全国的敏感神经,也牵动着北宋的历史变化。氏著《北宋开封气象灾害的政府应对》揭示了北宋中央政府对开封气象灾害的应对举措。作者认为,北宋政府在开封气象灾害面前,既无临危不惧,也无惊慌失措,能够积极应对,采取多种措施控制、减轻和消除引起的严重社会危害。气象灾害虽多有突发紧急特点,但政府应对多数都已法典化,也即有着

---

[1] 程民生:《北宋开封气象对社会历史的影响》,《史学月刊》2011年第1期。

成熟的应急预案,包括政治应对、政策应对、人事应对、经济应对、人道应对、治安应对、司法应对、人力应对、工程应对等方面,多数情况下都是综合应对。这些应对大多积极有效,从而减轻了灾害的损失,维护了人民的生命财产,稳定了首都的社会秩序和统治者的安全。统治集团勇于承担责任,降低姿态接受批评以缓解民怨,所采取的应对措施直接或间接促进了社会生活的和谐等,都是宝贵的历史经验。[1]

柴国生则探讨了雪灾对北宋开封城市社会的影响。氏著《北宋开封雪灾与社会应对》[2]指出,北宋时期都城开封雪灾频仍,数次致人畜大量冻死。其原因是频发的雪灾造成城市生活物资需求激增,但供应受阻,供需平衡被打破,雪灾加剧了较低的交通运输水平造成的城市物资巨大需求与供应能力不足间的常态性矛盾,对居民生活、城市发展造成严重影响。作者认为,为应对雪灾、保障开封供应,北宋引洛入汴、优化燃料结构、鼓励贩运贸易,以缓解供需矛盾,提

---

[1] 程民生:《北宋开封气象灾害的政府应对》,《兰州学刊》2015年第3期。
[2] 柴国生:《北宋开封雪灾与社会应对》,《中州学刊》2015年第9期。

六、唐宋城市社会变革研究内容的细化

升城市供应能力；完善粮食仓储系统、设立燃料常平仓、广植草木，以增加物资储备，增强抵御雪灾能力；采取弭灾、减灾等针对性措施，减轻雪灾影响。这些应对措施取得了较好成效，但并未能从根本上解决开封及古代都城发展中普遍存在的常态性供需矛盾。靖康年间极端大雪严寒天气及其严重影响，成为加剧宋金战争中开封陷落、北宋灭亡的一个重要因素。

旱灾和水灾是中国古代历史上最严重的自然灾害。王化昆统计了唐代洛阳的水灾情况，并总结了洛阳水灾特点及政府的防治措施。[1]殷淑燕等通过对历史时期关中平原旱灾、水灾发生频率的统计与分析，揭示了水旱灾害与城市发展的联系。作者提出，水旱灾害的发生一方面与关中平原气候变化、中心城市的建设发展与衰落有密切联系；另一方面也与人口数量的增长密切相关。其根本原因在于城市建设和人口增加，对自然资源的开发利用和消耗大幅度增长，对城市周边山地和丘陵地区环境的压力剧增，造成环境的

---

[1] 王化昆：《唐代洛阳的水害》，《河南科技大学学报》（社会科学版）2003年第3期。

迅速恶化，导致平原地区水旱灾害频繁发生。[1]此外，殷淑燕等通过对唐代长安、洛阳水旱灾害发生频率的统计，进而从气候因素、地理位置及地形水系、都城建设等方面作了对比研究。作者认为，从气候方面来看，唐代长安和洛阳都表现出水灾发生频率中间多、两头少；旱灾发生频率两头多、中间少的特征。说明唐代中期气候更为湿润，唐前期与后期气候则相对偏干。从地理位置与地形、水系的关系方面来看，正是地理位置及地形与水系特点，导致了唐代长安地区的水旱灾害以旱灾为主，而洛阳地区以水灾为主。在气候较为湿润的唐代，洛阳比长安更易受到洪水的侵袭，且水灾危害程度远超过长安地区。此外，都城建设也与水旱灾害的发生频率有一定关系。大量的宫殿建设及人口增长，导致生态环境恶化，使水旱灾害发生频率增大。因此，从整个唐代发生的水旱灾害总量来看，长安地区的灾害频率比洛阳地区要高得多。这在一定程度上，反映出唐代都城建设对生态环境的负面影

---

[1] 殷淑燕、黄春长、仇立慧、贾耀锋:《历史时期关中平原水旱灾害与城市发展》,《干旱区研究》2007年第1期。

六、唐宋城市社会变革研究内容的细化

响。[1]

张剑光考察了唐五代江南城市灾害的特点、原因及影响。氏著《唐五代江南的城市灾害与社会应对》[2]指出,唐五代是江南城市一个较快的发展时期,此间曾经遭到过各种各样灾害的侵袭,水灾、火灾和疫病是其中比较重要的灾害。城市灾害不断,为害程度严重,对城市的发展产生了一定的负面影响。作者认为,随着江南地位的日益重要,城市发展的同时也带来了越来越多的灾害。在整个唐五代的历史上,江南灾害的发生在时间上呈越往后越频繁的特点。固然这些有资料记录上的原因,但城市发展的迅速、经济活动的频繁,与自然灾害成正比关系还是比较明显的。江南城市灾害的多发,除了自然原因外,与江南城市的选址、城市人口数量的增加和人员流动性增大、城市建设上的缺陷等因素也有一定关联。唐五代江南城市灾害的发生并不局限于几个大城市,中小城市也会遭受

---

[1] 殷淑燕、黄春长:《唐代长安与洛阳都城水旱灾害对比研究》,《干旱区资源与环境》2008年第11期。
[2] 张剑光:《唐五代江南的城市灾害与社会应对》,《陕西师范大学学报》(哲学社会科学版)2015年第1期。

灾害的侵袭，灾害的出现其实是一种普遍现象。城市灾害发生后，江南城市进行了积极的救助，在城市建设上也有一定的预防意识和措施。

徐吉军分析了南宋都城临安的火灾及其消防与社会影响等问题。氏著《南宋都城临安的火灾及其消防》认为，南宋都城临安庞大的城市人口、高密度的住居以及竹木类建筑，给城市的安全带来了一系列问题，这突出表现在城市的消防上。南宋临安历年火灾状况表明，火灾是临安最为严重的城市灾害，而火灾频发的原因不外乎战争、放火、雷击和用火不慎等四类。作者认为，尽管南宋临安建立了一整套比较完善的防火救火制度，但是频繁的火灾，仍对杭州城市的发展产生了极其重大的负面影响。[1]

"灾害产生于自然生态系统和社会经济系统组成的复合生态经济系统之中，从根本上而言，灾害就是一种生态经济现象，具有生态经济性质。"[2] 因此，关

---

[1] 徐吉军：《南宋都城临安的火灾及其消防》，包伟民主编《中国城市史研究论文集》，第263—300页。
[2] 邓宏兵、张毅主编《人口、资源与环境经济学》，科学出版社，2005年，第139页。

六、唐宋城市社会变革研究内容的细化

注城市灾害的研究，有助于更加全面地深入探讨城市社会变革问题。

（十一）城市管理的研究

城市管理的内容通常很广泛，包括城市中的市场管理、市政管理、人口管理、社会文化生活管理、治安管理、环境卫生管理等诸多方面，学术界与之相关的具体研究成果甚多，不胜枚举。

郭正忠通过对唐宋时期城市分类的比较研究，总结出不同类型城市管理体制的优缺点。氏著《唐宋四类城市的规模、布局与管理》[1]通过考察唐宋城市的规模、布局，进而对城市管理体制作了归纳，作者认为，政治城市的优点便是规模宏伟、布局端整、管理严密、秩序井然。军事城堡的特色，主要是它拥有适合于战略战术需要的建筑设施。而政治城市的缺点，则在于官方或半官方的建筑太多，街区的封建管制也太严，

---

[1] 郭正忠：《唐宋四类城市的规模、布局与管理》，《中国历史博物馆馆刊》1987年第10期；或见《两宋城乡商品货币经济考略》，第66—122页。

民用设施、工商业区及其经济活动,过分地受到限制,这既不利于商品经济的发展,也不便于一般平民的生活。镇市一类经济都市的规模、布局和管理,都显得比较幼稚,还有待发展与完善。但它们少有大量的官方或半官方建筑;街市布局虽规范,倒也往往反映着经济生活的实际需要。不论市场等工商业区,抑或居民区,多少适应着商品经济的发展。稍微松懈的封建秩序,恰好便利于市民阶层势力的成长。这些,又是经济都市优于政治城市之处。综合型城市的情况,大致介于政治城市与经济都市之间,既保留了政治城市的优劣,又具有经济都市的某些进步性特征。这后一方面,虽然有利于商品经济的发展,但前一方面的包袱又极为沉重。作为我国封建后期的主要城市类型,其蹒跚艰涩的步履,恰与整个封建社会的缓慢发展相一致。

周宝珠通过考察唐宋时期城市的发展变化情况,分析了城市行政管理制度出现的革新。氏著《宋代城

六、唐宋城市社会变革研究内容的细化

市行政管理制度初探》[1]指出,宋代城市工商业经济的迅猛发展,使城市的结构和阶级构成状况都发生了很大变化。随着城市经济及阶级构成、居住情况的变化,城市的行政管理制度也出现了一些新的特点:第一,在管理机构上比唐以前更为复杂,基本是三层组织,即基层的坊,中层的厢,上层的府、州、县衙门。唐以前的城市基本上是两级,坊或里为基层,权力较大一些。宋代的坊,权力较小,厢的权力比较大一些,即坊的一部分权力收归厢,而府、州、县衙门的一部分权力下移于厢。这样一来,厢制的管理权相对地扩大了,这是从唐代坊市分离到宋代坊市合一后在行政管理上相应的制度变化。没有厢制的建立,宋代的城市是不好管理、或者说无法管理的,因为同类相聚的坊已逐渐消失,各种居民杂居,经济的发展、城市阶级斗争的需要等,使宋在五代出现的城市厢制的基础上而加以发展,形成一种新的制度。这种行政机构的多级制,正是宋代城市发展的一种表现。第二,从宋

---

[1] 周宝珠:《宋代城市行政管理制度初探》,见中国社会科学院历史研究所宋辽金元史研究室编《宋辽金史论丛》第1辑,中华书局,1985年,第152—167页。

代城市的诸军及防火防盗所建立的军巡与军巡铺制度中，可以看到这种军营式城市的特色，可以说，整个城市置于行政的、军事的控制之下。第三，宋代城市行政管理的主要任务，是加强官府对城市的统治，服务于封建社会阶级压迫的等级制度，这在城市生活中的各个方面表现出来。第四，宋代城市的行政管理，除了镇压等职能之外，还有一个"举办公共工程的职能"。这在防火救火、环境卫生、排水、交通等方面，都明显地表现出来，从城市管理的角度上来看，是有一定借鉴意义的。作者强调，宋代的城市管理如同它的经济发展一样，在我国古代城市发展史上带有某些划时代的特点，在我国封建社会前后期的划分中，就城市发展而言，有着承上启下的性质。

韩光辉提出建制城市的概念，以此来思考城市管理制度的变化。作者指出，唐代以来，经五代至辽宋时期，城市管理制度包括不同类型城市的官制、管理职能和管理范围都发生了重要变化，核心的变化在于由县管理转变为由专门机构都厢、警巡院、录事司和司候司管理城市，只是由于文献记载的缺乏，还不能将这一系列管理机构梳理得更清晰。10—14世纪，举

六、唐宋城市社会变革研究内容的细化

凡置有都厢及警巡院、录事司、司候司的城市就是我国古代的建制城市。一般来说,城市行政建制即城市行政区划与管理制度,以城市拥有明确的行政界线、市域范围和职能完善的专门城市行政管理机构,并实行独立行政管理为标志。因此,城市建制是城市发展到一定阶段的产物。作者认为,由于唐末五代的战乱,军事编制和军事管理的厢逐渐转化为城市行政治安管理的制度,故中国古代建制城市出现于宋代。城市厢制是伴随着城市发展和城市社区管理专门化过程逐渐形成出现的,它是一个新事物,在宋代三百年中先后仅东京和临安两都城形成了这种建制,已与唐代城市管理显然不同。可惜,至14世纪中叶,随着王朝的更迭,当时这一先进的城市管理制度到明初全面终止。因此,古代建制城市的出现在中国乃至世界城市发展史上无

疑均是创举。[1]

魏明孔从制度视角探讨了唐代坊市及其变化，提出唐代中后期坊市制度的发展变化，无疑是我国封建社会由前期进入后期的重要标志之一，是值得认真探讨的课题。唐代是坊市制度最为完备和成熟的时期，也是坊市制度逐步开始衰退和变革的阶段。唐代中后期，由于经济社会制度变革，坊市制度虽然逐步出现变迁，但是官方在法律上并没有全面废止，坊市制度一直延续到北宋时期才退出历史舞台，充分体现了诱导性经济制度变迁。因而，隋唐坊市制度发展与变迁规律，即使对于今天商业街区管理仍然具有一定的镜鉴价值。[2]

包伟民在以往学者研究的基础上，从剖析坊制、

---

[1] 韩光辉：《12 至 14 世纪中国城市的发展》，《中国史研究》1996 年第 4 期；韩光辉、林玉军、王长松：《宋辽金元建制城市的出现与城市体系的形成》，《历史研究》2007 年第 4 期；韩光辉、何峰：《宋辽金元城市行政建制与区域行政区划体系的演变》，《北京大学学报》（哲学社会科学版）2008 年第 2 期；韩光辉、林玉军、魏丹：《论中国古代城市管理制度的演变和建制城市的形成》，《清华大学学报》（哲学社会科学版）2011 年第 4 期。或见韩光辉《宋辽金元建制城市研究》，北京大学出版社，2011 年。

[2] 魏明孔：《唐代坊市及其变化》，《光明日报》2017 年 6 月 26 日第 14 版。

六、唐宋城市社会变革研究内容的细化

厢制的源起入手,深入探讨了宋代城郭基层行政管理体制。作者认为,两宋以降,都市发展,州县城市形成两级基层行政体制,比较符合管理的需要。其间名称或有更变,实质变化不多。两宋时期的坊厢两级制度得以长时间维持,正在于这一原因。[1] 氏著《说"坊"——唐宋城市制度演变与地方志书的"书写"》[2] 进一步提出,以地方志书为主的历史文献,大多以"坊巷"为核心概念来描述宋代城市的城区形制,存在将不同性质、不同层次的内容混同记载与概念混淆的现象。遵循由表及里、从解构历史文本入手的路径来作分析,梳理其所记载的坊区、坊额等内容的差异,可以发现,其一,从城市管理制度的层面来看,虽然不同地区的城市中出现了坊、界、隅等各种别称,但不必每见一别称就另行归纳出一种"制度"。从制度的内涵来看,可以将当时的城市管理归纳为在厢司与坊区两级之下,慢慢出现一个以巷为中心的更低的职役层

---

[1] 包伟民:《宋代城市管理制度》,见苏智良主编《都市史学》,第67—117页;或见《宋代城市研究》,第102—171页。

[2] 包伟民:《说"坊"——唐宋城市制度演变与地方志书的"书写"》,《文史哲》2018年第1期。

级，最终形成了两级三层之制。其二，在坊额与街巷的关系上，前人或者强调坊只是"增加街路的美观的东西"，或者断言"坊其实是街巷的雅称"，都有失片面。究其原因，是受历史文本所传递的关于"坊"的失真景象误导之故。宋元地方志书的编纂者们出于其"名者，教之所自出也"的立场，在详尽记载某些城市的街首巷口所建立的、上面书写有"美名"之坊额的同时，鄙视出于俚俗、多非雅驯的街巷地名，以为"本不足录"，极少记载，从而给后人留下了坊主巷从的假象。作者强调，我们应该摆脱以"坊"为中心来构建两宋时期城区布局的传统思路，回归以巷陌构成的长条街区的历史现实。

刘玉峰在前人研究的基础上，从市场设置的法规制度以及市场管理的行政体制和具体内容等方面，揭示了唐代的市场管理问题，并就某些具体管理制度及市场管理的本质提出一些思考。氏著《论唐代市场管理》[1]认为，唐政府不仅拥有市场的设置权和废止权，而且拥有市场的管理权。唐代市场必须设置于州县治

---

[1] 刘玉峰：《论唐代市场管理》，《中国经济史研究》2002年第2期。

六、唐宋城市社会变革研究内容的细化

所以上的城市中,仍是政治统治的产物,政府设立了多级行政机构具体负责各级市场管理,并遵循若干明确的管理制度。这些制度虽有某些经济管理的科学意义和合理性,但总体上表现出政治权力对市场交易的严密操控,经济规律被行政权力所干扰,不可能真正促进商品贸易的繁荣,并推动商品经济健康发展。

吴晓亮以唐代"市"和宋代"税务"为研究对象,探讨了唐宋时期国家市场管理模式的变化。作者提出,唐宋是中国古代社会商品经济空前发展、社会处于转型的重要时期。自唐代中后期至宋代以来,市场管理模式随着商品经济的发展悄悄地发生着变化:唐代的市场以市制为代表,国家对市场设置地点、交换时间、交换方式等各个环节有明确细致的规定。坊市制崩溃后的宋代市场,在时空以及交换方面呈现出自由勃发的特点。由于市场活跃,形式多样,故宋代国家给予市场更多的自由度,对市场的管理已超脱于唐代以市制为代表的"直接管理"模式之上,向以税务设置为代表的"以税代管"模式转变。作者认为,唐宋两朝市场管理者的变化,一方面反映出社会经济,尤其是商品经济的变化;另一方面,则体现出国家市场观念

转变而导致的市场管理模式的变化。[1]

包伟民通过对唐中宗景龙元年(707)敕令"诸非州县之所不得置市"的重新诠释,再次探讨了唐代的市制问题。作者指出,唐宋间城市市场形态的演变,是一个相当陈旧的论题。尽管如此,由于此前的研究深受"唐宋变革论"影响,观察视角集中在从唐宋间历史的裂变,来构成对两宋城市市场形态的印象。换言之,前人的讨论多从阐发唐宋间"城市革命"的立场出发,由两宋时期之"开放"来反观唐代城市的市场形态,即所谓典型的古典市制,突出唐代官府对市场的控制,或者是下意识地用以彰显唐宋转折在城市市场形态方面的表现。不过由此引起的一个问题却是:像这样由后向前观察、重在历史裂变的视角,可能会忽略历史演变的前后承袭。作者认为,唐代政府关于市场管理的制度,除了那些关于规范经营、整饬治安、征敛赋税等一般意义的内容之外,例如坊市分离、市场官立、交易监管等明显带有中古时代特色的条文,虽然不如后代的"自由",从历史承袭的视角来看,其

---

[1] 吴晓亮:《唐宋国家市场管理模式变化研究——以唐代"市"和宋代"税务"为对象的历史考察》,《中国经济史研究》2007年第4期。

六、唐宋城市社会变革研究内容的细化

来有自，反映着中国古代城市市场制度不断演进的轨迹，是符合当时商品经济发展水平实际要求的。作者强调，与其说以唐制为代表的中古城市市场管理制度，其主要目的是"控制"市场，不如说它受当时城市性质的制约，不得不服从于城市作为行政中心与军事堡垒的本质要求所致。如果进一步从历史因袭演变的视角，观察从唐代到宋代城市市场的演变，我们还可以发现，其间制度的裂变也许不如前人想象的那么剧烈，而前后因袭的痕迹则无疑要明晰得多。[1]

张剑光则分析了六朝唐五代江南城市市场的形制及其变化与市场管理。[2] 在此基础上，氏著《六朝隋唐五代江南城市的市政和社会管理》[3]指出，随着六朝至唐五代南方经济的开发和发展，南方人口渐渐增多，城市的数量越来越多，规模越来越大，居住在城市中的居民数量激增，城市社会状况变得复杂起来，这就需要各级政府对城市进行有效的管理。政府对城市的

---

[1] 包伟民:《唐代市制再议》,《中国社会科学》2011年第4期。

[2] 张剑光:《六朝五代江南城市市场的形制与变化》,见杜文玉主编《唐史论丛》第15辑,第67—85页。

[3] 张剑光、邹国慰:《六朝隋唐五代江南城市的市政和社会管理》,《江汉论坛》2013年第2期。

管理措施，可以分成多个方面，如在城市管理上，政府对城市基础设施、城市道路、城市房屋、城市卫生保洁等方面，有很多相关的规定；在城市的治安、救灾管理上，地方官员是城市治安的主要责任人，还经常用军队来稳定局势，发生自然灾害后，政府有专门人员参加救灾，有很多具体的措施救助灾民；在市场管理上，政府有专职官员负责市场秩序、管理交易、控制物价、征收市税；在公共事务管理上，政府也有很多具体措施。从中可以看到政府对各级城市的管理是十分严格的。作者认为，政府对江南城市的管理，使得城市规范有序，确保了城市渐渐地向前发展，成为一地的政治、经济、文化中心。同时也应看到，政府过多的管理措施，使城市严格地按照政府允许的尺度，才能发生一些变化，因此总体上说江南城市的发展幅度十分有限，自六朝至唐朝，城市并没有产生根本性的变化，城市的发展是缓慢的渐进式的。政府对江南城市的管理，既有值得肯定的一面，同时也应该看到对江南城市的发展有很多抑制作用。

人口向大城市主要是都城的流动与集中，是由唐到宋城市发展变化的主要特征。宁欣专门探讨了唐代

六、唐宋城市社会变革研究内容的细化

城市流动人口与户籍管理问题,指出唐中后期,随着均田制的崩溃和两税法的推行,大量人口溢出户籍,流寓异乡,涌入以京城长安和洛阳为主的大城市,多集中于建筑业、商业、手工业、服务业和娱乐业。作者认为,唐朝对这些涌入城市的流动人口和外来人口到底如何管理,虽未见出台严格的措施,但通过一些官府颁布的具体措施和条文,可知总的趋势是对外来无户籍人口的限制逐渐松弛;国家财税征收的结构和对象也不断进行改革和调整。作者强调指出,随着人口结构重心的变化,户籍制度发生了变化,政府财税结构和重心也进行了相应的调整,更多地向城市倾斜,向城市居民倾斜,向财富集中的区域、领域和群体倾斜的大趋势已不可逆转,尽管这需要经历一个较长的适应和调整过程。[1]

在城市管理研究方面,学者们不再仅仅局限于对城市管理内容的研究,而是更加注重对城市管理制度变革的探讨,这实际上已经有了一个质的飞跃。只不过,城市管理问题本身相当复杂,牵涉面极广,目前的研究尚显薄弱,今后仍待加强。

---

[1] 宁欣:《唐代城市流动人口与户籍管理》,《光明日报》2017年6月26日第14版。

七、唐宋城市社会变革研究的趋向

唐宋城市社会变革的研究已经取得了较为丰硕的成果,但同时,我们也应该看到,毕竟中国古代城市史的研究时间还不长,城市史作为新兴的史学分支学科虽具雏形,然尚不完备。不论是学科体系、理论方法,还是研究领域、观察视角等方面,仍然存在若干问题与不足。

在理论方法方面,与国外相比明显滞后。有关唐宋城市社会变革的研究,至今国内没有系统的原创性理论,基本上是借用国外的理论。国外学者已经注意到研究方法的多样性,力求运用多学科的研究方法进行研究,并取得了相当成就。而国内一些学者对此并未高度重视,基本上还是沿用传统的单一的历史研究方法。

七、唐宋城市社会变革研究的趋向

在研究领域和内容方面，尚且存在相当的不足。目前，有关城市群体的研究，成果相对较少。相比而言，有关城市构造与城市单体的研究，成果较为集中，然而其中又以长安、洛阳、开封、临安、扬州、成都等少数大都市的研究为主，至于其他大量的地方城市显然关注不够，即或有之，仅仅限于初步的描述状态，缺少深入的内在分析。在城市综合研究中，系统的宏观分析研究依然薄弱，尤其有关城市圈、城乡关系等方面的研究相对较弱。在城市社会的研究中，城市经济方面的研究相对较多，可是系统的专门研究却并不多见；城市人口方面，对流动人口、不同阶层群体等的深入研究仍然缺乏；城市组织方面，有的研究依旧是对前人研究的重复和展开，没有实质性突破；城市交通、城市建筑、城市景观、城市社会生活、城市医疗卫生、城市社会保障、城市文化、城市生态环境、城市灾害、城市管理等方面，研究成果相对较少，并且有深度的分析论证仍显不足。

在观察视角方面，目前，学者们虽然已从城市形态、城市结构、地域空间、政治空间、礼仪空间、社会空间等视角作了考察，但是某些方面的研究——如地域空间、社会空间等——仍然不够系统深入。尤其是城市作为一个复合体,政治、经济、社会、文化、建筑、生态,无所不包。这一特性,决定了城市史研究作为一门学科,涉及地理学、历史学、考古学、社会学、经济学、建筑学、政治学、人口学、生态学、统计学、文化人类学等社会科学和自然科学多门学科,这就更加需要研究者具有相当丰富的学识和极其广阔的视野。然而,在现实研究中,历史学与考古学、历史地理学、建筑学、生态学等学科的脱节现象并未能真正克服。

尽管当前研究中还有不足之处,但是我们却欣慰地看到,有关中国古代城市史的研究正方兴未艾,涉及唐宋时期城市社会变革的研究也在不断扩展和深化。我们相信,今后的研究必然大有可为。这里,综括时贤所论,且参以己意,仅就未来的研究趋势和方向,略陈管见:

第一,理论方法的创新。

理论并非先验之物,理论是观察问题的角度,是解释历史的依据,是叙述历史的架构。国外学界在城市史的理论研究方面,积累较多,这些理论对我们不

七、唐宋城市社会变革研究的趋向

无启迪。因此,我们应该有选择地借鉴和利用。然而,需要指出的是,对于西方学界的理论,我们不宜生搬硬套,消化吸收至关重要。在借鉴和吸收的基础上,我们应该逐步建立起自己的理论体系。在研究方法的运用上,要综合多学科的方法,力求传统与现代、社会科学与相关自然科学的结合。

第二,思维视域的突破。

唐宋城市社会变革的研究是一项综合性很强的课题,需要由多个侧面、不同角度去探讨。其一,需要适当的长时段研究。通常来说,历史研究主要是按断代进行的,城市史研究亦大体如此。按断代收集材料进行研究有其方便之处,但也有其局限性。城市史若只局限于一个断代,往往看不清城市发展的来龙去脉和长期趋势。因此,学者们需要打破断代的局限,缩小范围,拉长时段,作前后贯通的专题研究。其二,需要多视角的考察。由于城市有其自身的特质,它是历史的,是人类文明发展到一定阶段的产物;是社会的、经济的、文化的、政治的各种因素的集中区;作为一个系统,城市功能有多重性和复杂性,并且城市本身具有吸收性、传播性和辐射性,所以,城市史的研究既要从城市规划、城市形态、城市结构、城市性质、城市功能、地域空间、政治空间、社会空间等视角进行观察，又要对城市本身、城市之间、区域城市体系、中外城市进行横向或纵向的比较分析。其三，需要人文主义的关怀。城市作为人类聚落，有着鲜明的人为印记，并且与周围的自然环境有着密切联系，因此，在城市史的研究中，特别需要从人文主义的角度关注城市社会及其与城市环境、自然环境演变的相互关系。

第三，研究重点的深化。

城市社会，是城市史也是唐宋城市变革研究的重点和核心。因此，要分析城市变革的实质，把握主导城市变革的力量，增进对变革后城市的认知，就必然要深化对城市社会的研究。而其中最重要的就是加强对城市人口、城市阶层、城市经济、城市组织、城市交通、城市建筑、城市景观、城市社会生活、城市医疗卫生、城市社会保障、城市文化、城市生态环境、城市灾害、城市管理等方面的研究。今后，需要对城市经济进行系统深入的专门研究；对城市人口结构和职业结构的变化及其原因进行深入剖析；对城市社会阶层在分类考察的基础上进行深入揭示；对城市组织

七、唐宋城市社会变革研究的趋向

出现的原因及其性质、特点从更广的视野进行深入考察；对城市交通在城市经济、文化、人口流动、信息传播等方面的作用进行深入分析；对城市社会生活、城市医疗卫生、城市社会保障与城市文化的变化及其影响进行纵贯式的深入思考；对城市建筑、城市景观、城市生态环境、城市灾害与城市发展的互动关系加以重视并进行深入探究；对城市功能的区分进行深入解析；对城市管理的内容、制度变化及其意义进行系统的深入探讨。

第四，薄弱环节的加强。

在唐宋城市变革的研究中，有关城市的综合研究、城市群体的研究、大量地方城市的研究以及城乡关系等方面的研究相对薄弱，亟待加强。通过加大对城市发展的整体性宏观研究（包括对区域城市群、城市体系、城市系统的整体性宏观研究）和微观研究（包括对城市单体、内部构造的研究），有助于全面认识和了解城市发展演变的过程、规律，把握唐宋时期城市变革的特点。此外，我们还应看到，唐宋城市变革是个过程，"源"在唐，"流"在宋，溯源才能清流。可是，目前的研究往往将重点放在宋代或者唐宋之际的变化上，当然这是因为这一时期的变化看得已经很明显了，而对唐代城市变化的研究仍不够充分。因此，有关唐代城市社会变化的全面深入研究，今后尚需加强。

第五，研究资料的发掘。

资料是学术研究的基础，资料的发掘对于城市史研究至关重要。目前，学界对现有文献材料的发掘利用仍然有限，而且对绘画、壁画、地图、古建筑等的作用重视不够。今后，我们既要加大对古文献资料的发掘力度和利用程度，又要重视绘画、壁画、地图、古建筑等资料或实物在研究中的有效使用。

第六，现代科技手段的运用。

借助和运用现代科学技术手段推进学术研究，现今已成学人共识。在唐宋城市社会变革的研究中，我们运用现代科学技术手段可以进行古代城市的复原或部分复原工作，还可以编辑出实用性强的工具书，并将更多的史籍电子化，逐步建立起以利长期研究的数据库，这对我们今后的研究工作必会助益良多。

第七，长时段、大视野下"变"与"不变"的关注。

唐宋城市史是中国城市史和中国经济史乃至全球城市史和全球经济史的重要研究内容之一，我们需要

七、唐宋城市社会变革研究的趋向

将唐宋城市社会的研究置于人类历史发展的长河之中去审视，同时应该关注到唐宋城市社会的"变"与"不变"。以往的研究过多地强调了唐宋城市社会的"变"，淡化甚至无视其"不变"之处，从而导致研究中存在误区和盲区。更有甚者为了强调或凸显唐宋城市社会的变化而生搬硬套相关概念、理论或学说，完全脱离了问题本身，致使思考单一化、研究范式化、结论同质化，使得本应丰富多彩的研究变得毫无生机。

今后，我们尤其需要提倡回到原点，回归问题本身，在长时段和大视野下去关注唐宋城市社会研究，通过具体的不同研究对象或研究问题来深入思考和探寻人类历史发展进程中唐宋城市社会的"变"与"不变"，以期全面认识和了解唐宋城市社会发展的整体面貌。

主要参考资料

一、专著或论文集

[1] 包伟民:《宋代城市研究》,北京:中华书局,2014年。

[2] 包伟民主编:《中国城市史研究论文集》,杭州:杭州出版社,2016年。

[3] 曹家齐:《唐宋时期南方地区交通研究》,北京:华夏文化艺术出版社,2005年。

[4] 陈国灿:《宋代江南城市研究》,北京:中华书局,2002年。

[5] 陈国灿:《南宋城镇史》,北京:人民出版社,2009年。

[6] 陈寅恪:《金明馆丛稿初编》,上海:上海古籍出版社,1980年。

［7］ 成一农：《古代城市形态研究方法新探》，北京：社会科学文献出版社，2009年。

［8］ 程存洁：《唐代城市史研究初篇》，北京：中华书局，2002年。

［9］ 程遂营：《唐宋开封生态环境研究》，北京：中国社会科学出版社，2002年。

［10］ 邓宏兵、张毅主编：《人口、资源与环境经济学》，北京：科学出版社，2005年。

［11］ 邓小楠主编：《唐宋女性与社会》，上海：上海辞书出版社，2003年。

［12］ 冻国栋：《唐代的商品经济与经营管理》，武汉：武汉大学出版社，1990年。

［13］ 杜文玉：《大明宫研究》，北京：中国社会科学出版社，2015年。

［14］ 傅崇兰：《中国运河城市发展史》，成都：四川人民出版社，1985年。

［15］ 傅崇兰等：《中国城市发展史》，北京：社会科学文献出版社，2009年。

［16］ 傅筑夫：《中国经济史论丛》，北京：生活·读书·新知三联书店，1980年。

[17] 傅筑夫:《中国封建社会经济史》(第五卷),北京:人民出版社,1989年。

[18] 龚国强:《隋唐长安城佛寺研究》,北京:文物出版社,2006年。

[19] 郭黛姮:《南宋建筑史》,上海:上海古籍出版社,2014年。

[20] 郭正忠:《两宋城乡商品货币经济考略》,北京:经济管理出版社,1997年。

[21] 韩光辉:《宋辽金元建制城市研究》,北京:北京大学出版社,2011年。

[22] 贺业钜:《中国古代城市规划史论丛》,北京:中国建筑工业出版社,1986年。

[23] 黄宽重主编:《基调与变奏:七至二十世纪的中国》(第1册),台北:政治大学历史学系等出版,2008年。

[24] 胡如雷:《中国封建社会形态研究》,北京:生活·读书·新知三联书店,1979年。

[25] 李斌城等编:《隋唐五代社会生活史》,北京:中国社会科学出版社,1998年。

[26] 李华瑞主编:《"唐宋变革"论的由来与发展》,

天津：天津古籍出版社，2010年。

［27］李孝聪主编：《唐代地域结构与运作空间》，上海：上海辞书出版社，2003年。

［28］李孝聪：《历史城市地理》，济南：山东教育出版社，2007年。

［29］李孝聪：《中国城市的历史空间》，北京：北京大学出版社，2015年。

［30］梁庚尧、刘淑芬主编：《城市与乡村》，北京：中国大百科全书出版社，2005年。

［31］林立平：《封闭结构的终结》，南宁：广西人民出版社，1989年。

［32］刘俊文主编：《日本学者研究中国史论著选译》（第1卷《通论》），北京：中华书局，1992年。

［33］刘俊文主编：《日本中青年学者论中国史·六朝隋唐卷》，上海：上海古籍出版社，1995年。

［34］刘希为：《隋唐交通》，台北：新文丰出版股份有限公司，1992年。

［35］鲁西奇：《城墙内外：古代汉水流域城市的形态与空间结构》，北京：中华书局，2011年。

［36］鲁西奇：《中国历史的空间结构》，桂林：广西

师范大学出版社,2014年。

[37] 宁欣:《唐宋都城社会结构研究:对城市经济与社会的关注》,北京:商务印书馆,2009年。

[38] 宁欣:《唐史识浅录》,北京:北京师范大学出版社,2016年。

[39] 庞德新:《宋代两京市民生活》,香港:龙门书店,1974年。

[40] 漆侠:《宋代经济史》(上册),上海:上海人民出版社,1987年。

[41] 漆侠:《宋代经济史》(下册),上海:上海人民出版社,1988年。

[42] 全汉昇:《中国行会制度史》,上海:新生命书局,1934年。

[43] 全汉昇:《唐宋帝国与运河》,上海:商务印书馆,1946年。

[44] 全汉昇:《中国经济史论丛》,香港:新亚研究所,1972年。

[45] 全汉昇:《中国经济史研究》(中册),香港:新亚研究所,1976年。

[46] 荣新江主编:《唐研究》(第9卷),北京:北京

大学出版社，2003年。

[47] 荣新江主编:《唐研究》(第15卷)，北京：北京大学出版社，2009年。

[48] 荣新江主编:《唐研究》(第21卷)，北京：北京大学出版社，2015年。

[49] 史念海:《中国古都和文化》，北京：中华书局，1998年。

[50] 苏智良主编:《都市史学》，上海：上海人民出版社，2014年。

[51] 孙靖国:《桑干河流域历史城市地理研究》，北京：中国社会科学出版社，2015年。

[52] 魏天安:《宋代行会制度史》，北京：东方出版社，1997年。

[53] 魏天安、戴庞海主编:《唐宋行会研究》，郑州：河南人民出版社，2007年。

[54] 肖建乐:《唐代城市经济研究》，北京：人民出版社，2009年。

[55] 辛德勇:《古代交通与地理文献研究》，北京：中华书局，1996年。

[56] 邓广铭、程应镠主编:《宋史研究论文集》，上海：

上海古籍出版社，1982年。

［57］ 杨宽：《中国古代都城制度史研究》，上海：上海古籍出版社，1993年。

［58］ 杨振红、〔日〕井上彻编：《中日学者论中国古代城市社会》，西安：三秦出版社，2007年。

［59］ 叶坦、蒋松岩：《宋辽夏金元文化史》，上海：东方出版中心，2007年。

［60］ 张帆：《辉煌与成熟：隋唐至明中叶的物质文明》，北京：北京大学出版社，2009年。

［61］ 张劲：《两宋开封临安皇城宫苑研究》，济南：齐鲁书社，2008年。

［62］ 张泽咸：《唐代工商业》，北京：中国社会科学出版社，1995年。

［63］ 赵雨乐：《从宫廷到战场——中国中古与近世诸考察》，香港：中华书局，2007年。

［64］ 中国唐史学会编：《中国唐史学会论文集》，西安：三秦出版社，1991年。

［65］ 朱士光：《中国古都学的研究历程》，北京：中国社会科学出版社，2008年。

［66］ 〔法〕马润潮（Laurence J. C. Ma）：《宋代的商业

与城市》，马德程译，台北：中国文化大学出版社，1985年。

[67]〔美〕林达·约翰逊（Johnson, L.C.）主编：《帝国晚期的江南城市》，成一农译，上海：上海人民出版社，2005年。

[68]〔美〕芮乐伟·韩森：《开放的帝国：1600年前的中国历史》，梁侃、邹劲风译，南京：江苏人民出版社，2007年。

[69]〔美〕施坚雅：《中国封建社会晚期城市研究——施坚雅模式》，王旭等译，长春：吉林教育出版社，1991年。

[70]〔美〕施坚雅主编：《中华帝国晚期的城市》，叶光庭等译，北京：中华书局，2000年。

[71]〔日〕沟口雄三、小岛毅主编：《中国的思维世界》，孙歌等译，南京：江苏人民出版社，2006年。

[72]〔日〕谷川道雄等编：《魏晋南北朝隋唐时代史の基本問題》，東京：汲古書院，1997年。

[73]〔日〕加藤繁：《中国经济史考证》（第1卷），吴杰译，北京：商务印书馆，1959年。

[74]〔日〕妹尾達彦：《唐代長安·洛陽城の城郭構

造と都市社会史の研究》，日本文部省科学研究費一般研究，研究成果報告書，1995 年。

[75]〔日〕妹尾達彦:《長安の都市計画》，東京:講談社，2001 年。

[76]〔日〕内藤湖南:《中国近世史》，東京:弘文堂，1947 年。

[77]〔日〕日野開三郎:《日野開三郎東洋史学論集》[第 7 卷《宋代の貨幣と金融》(下)]，東京:三一書房，1983 年。

[78]〔日〕日野開三郎:《日野開三郎東洋史学論集》(第 17 卷《唐代邸店の研究》)，東京:三一書房，1992 年。

[79]〔日〕日野開三郎:《日野開三郎東洋史学論集》(第 18 卷《続唐代邸店の研究》)，東京:三一書房，1992 年。

[80]〔日〕斯波义信:《北宋の社会経済》，見〔日〕松丸道雄等编《世界歴史大系・中国史 3・五代——元》，東京:山川出版社，1997 年。

[81]〔日〕斯波义信:《宋代商业史研究》，庄景辉译，台北:稻乡出版社，1997 年。

[82] 〔日〕斯波义信:《宋代江南经济史研究》,方健、何忠礼译,南京:江苏人民出版社,2000年。

[83] 〔日〕中村圭尔、辛德勇编:《中日古代城市研究》,北京:中国社会科学出版社,2004年。

[84] Arthur F. Wright. *The Cosmology of the Chinese City*, G. William Skinner. *The City in Late Imperial China*. Stanford, CA: Stanford University Press, 1977.

[85] Heng Chye Kiang. *Cities of Aristocrats and Bureaucrats: The Development of Medieval Chinese Cityscapes*, Honolulu:University of Hawaii Press, 1999.

[86] Mark Elvin. *The Pattern of the Chinese Past*, Stanford, CA: Stanford University Press, 1973.

[87] Mark Elvin and G. W. Skinner. *The Chinese Between Two Worlds*, Stanford, CA: Stanford University Press, 1974.

二、论文

[1] 包伟民:《意象与现实:宋代城市等级刍议》,《史

学月刊》2010年第1期。

[2] 包伟民:《唐代市制再议》,《中国社会科学》2011年第4期。

[3] 包伟民:《宋代城市税制再议》,《文史哲》2011年第3期。

[4] 包伟民:《两宋"城市文化"新论》,《文史哲》2012年第5期。

[5] 包伟民:《唐宋城市研究学术史批判》,《人文杂志》2013年第1期。

[6] 包伟民:《说"坊"——唐宋城市制度演变与地方志书的"书写"》,《文史哲》2018年第1期。

[7] 柴国生:《北宋开封雪灾与社会应对》,《中州学刊》2015年第9期。

[8] 陈国灿:《论南宋城市的官方救助体制》,《江海学刊》2011年第5期。

[9] 陈国灿:《论宋代江南城市的社会救助》,《江西社会科学》2011年第12期。

[10] 陈国灿、刘洁:《论宋代城市流浪人员的官方救助》,《河北学刊》2014年第5期。

[11] 陈国灿、陈雪瑶:《民生为重:宋代城市的官方

医疗救助》,《探索与争鸣》2016年第3期。

[12] 陈国灿:《宋代城市的社会救助》,《人才资源开发》2018年第6期。

[13] 陈涛:《论"马行街无蚊"——从环境史角度的诠释》,《社会科学论坛》2007年第10期(学术研究卷)。

[14] 成一农:《"中世纪城市革命"的再思考》,《清华大学学报》(哲学社会科学版)2007年第2期。

[15] 程民生:《略论宋代市民文艺的特点》,《史学月刊》1998年第6期。

[16] 程民生:《北宋开封气象对社会历史的影响》,《史学月刊》2011年第1期。

[17] 程民生:《靖康年间开封的异常天气述略》,《河南社会科学》2011年第1期。

[18] 程民生:《中国历史文化中的汴京因素》,《史学月刊》2014年第1期。

[19] 程民生:《北宋开封气象灾害的政府应对》,《兰州学刊》2015年第3期。

[20] 程民生:《北宋汴京的园林贡献及"绿政"创举》,《河南师范大学学报》(哲学社会科学版)

2017年第1期。

[21] 程遂营:《唐宋开封的气候和自然灾害》,《中国历史地理论丛》2002年第1辑。

[22] 冻国栋:《略述唐代人口的城乡结构与职业结构》,《魏晋南北朝隋唐史资料》第19辑,2002年。

[23] 杜文玉:《唐代长安的宦官住宅与坟茔分布》,《中国历史地理论丛》1997年第4辑。

[24] 方湖生:《开封历史上主要灾害类型及特点》,《开封教育学院学报》1992年第3期。

[25] 傅筑夫:《唐代都市商业的历史性质变化与"行"的产生》,《唐史论丛》第1辑,1988年。

[26] 葛金芳:《从"农商社会"看南宋经济的时代特征》,《国际社会科学杂志》(中文版)2009年第3期。

[27] 葛金芳:《"农商社会"的过去、现在和未来——宋以降(11—20世纪)江南区域社会经济变迁》,《安徽师范大学学报》(人文社会科学版)2009年第5期。

[28] 葛金芳:《农商社会视野下的南宋经济再评价》,

《国际社会科学杂志》(中文版)2016年第3期。

[29] 葛金芳:《略说中国本土的唐宋经济变革论》,《史学集刊》2017年第3期。

[30] 郭正忠:《唐宋时期城市的居民结构》,《史学月刊》1986年第2期。

[31] 郭正忠:《唐宋城市类型与新型经济都市——镇市》,《天津社会科学》1986年第2期。

[32] 郭正忠:《唐宋四类城市的规模、布局与管理》,《中国历史博物馆馆刊》第10期,1987年。

[33] 韩光辉:《12至14世纪中国城市的发展》,《中国史研究》1996年第4期。

[34] 韩光辉、林玉军、王长松:《宋辽金元建制城市的出现与城市体系的形成》,《历史研究》2007年第4期。

[35] 韩光辉、何峰:《宋辽金元城市行政建制与区域行政区划体系的演变》,《北京大学学报》(哲学社会科学版)2008年第2期。

[36] 韩光辉、林玉军、魏丹:《论中国古代城市管理制度的演变和建制城市的形成》,《清华大学学报》(哲学社会科学版)2011年第4期。

[37] 韩昇:《科举制与唐代社会阶层的变迁》,《厦门大学学报》(哲学社会科学版)1999年第4期。

[38] 韩昇:《南北朝隋唐士族向城市的迁徙与社会变迁》,《历史研究》2003年第4期。

[39] 黄煌:《唐代的城市居民生活与城市经济》,《华东师范大学学报》(哲学社会科学版)1992年第3期。

[40] 李合群:《北宋东京皇宫新考》,《中国古都研究》第13辑,1995年。

[41] 李华瑞:《宋代的社会保障与社会稳定》,《探索与争鸣》2016年第3期。

[42] 李孝聪:《公元十至十二世纪华北平原北部亚区交通与城市地理的研究》,《历史地理》第9辑,1990年。

[43] 李孝聪:《论唐代后期华北三个区域中心城市的形成》,《北京大学学报》(哲学社会科学版)1992年第2期。

[44] 李孝聪:《唐宋运河城市城址选择与城市形态的研究》,《环境变迁研究》第4辑,1993年。

[45] 李孝聪:《空间与形态:历史时期的中外城市比

较》,《都市文化研究》(第 7 辑《城市科学与城市学》),2012 年。

[46] 李治安:《多维度诠释中国古代史——以富民、农商与南北整合为重点》,《中国社会科学评价》2016 年第 4 期。

[47] 梁庚尧:《南宋官户与士人的城居》,《新史学》第 1 卷第 2 期,1990 年。

[48] 梁庚尧:《南宋城市的公共卫生问题》,《史语所集刊》第 70 本第 1 分,1999 年。

[49] 林立平:《六至十世纪中国都城东渐的经济考察》,《北京师范大学学报》(社会科学版) 1988 年第 3 期。

[50] 林立平:《唐宋时期城市税收的发展》,《中国经济史研究》1988 年第 4 期。

[51] 林立平:《试论唐宋之际城市分布重心的南移》,《暨南学报》(哲学社会科学版) 1989 年第 2 期。

[52] 林立平:《唐宋之际城市旅店业初探》,《暨南学报》(哲学社会科学版) 1993 年第 2 期。

[53] 林文勋:《商品经济与唐宋社会变革》,《宋史研究论丛》第 5 辑,2003 年。

[54] 林文勋:《商品经济:唐宋社会变革的根本力量》,《文史哲》2005 年第 1 期。

[55] 刘艳秋、宁欣:《笔记小说中的唐宋都市生活服务业》,《唐史论丛》第 8 辑,2006 年。

[56] 刘玉峰:《论唐代市场管理》,《中国经济史研究》2002 年第 2 期。

[57] 柳平生、葛金芳:《南宋城市化进程与城市类型分析》,《四川师范大学学报》(社会科学版)2014 年第 6 期。

[58] 柳平生、葛金芳:《"农商社会"的经济分析及历史论证》,《求是学刊》2015 年第 2 期。

[59] 柳平生、葛金芳:《"农商社会"视野下南宋商品性农业述论》,《云南社会科学》2017 年第 6 期。

[60] 龙登高:《南宋临安的娱乐市场》,《历史研究》2002 年第 5 期。

[61] 鲁西奇、马剑:《城墙内的城市?——中国古代治所城市形态的再认识》,《中国社会经济史研究》2009 年第 2 期。

[62] 鲁西奇、马剑:《空间与权力:中国古代城市形态与空间结构的政治文化内涵》,《江汉论坛》

2009年第4期。

[63] 蒙文通:《从宋代的商税和城市看中国封建社会的自然经济》,《历史研究》1961年第4期。

[64] 宁可:《关于中国封建经济结构》,《学术月刊》2006年第11期。

[65] 宁欣:《由唐入宋都市人口结构及外来、流动人口数量变化浅论——从〈北里志〉和〈东京梦华录〉谈起》,《中国文化研究》2002年第2期。

[66] 宁欣:《由唐入宋都城立体空间的扩展——由周景起楼引起的话题并兼论都市流动人口》,《中国史研究》2002年第3期。

[67] 宁欣:《由唐入宋城关区的经济功能及其变迁——兼论都市流动人口》,《中国经济史研究》2002年第3期。

[68] 宁欣:《内廷与市场:对唐朝"宫市"的重新审视》,《历史研究》2004年第6期。

[69] 宁欣:《诗与街——从白居易"歌钟十二街"谈起》,《中国历史文物》2005年第5期。

[70] 宁欣:《唐宋城市经济社会变迁的思考》,《河南师范大学学报》(哲学社会科学版)2006年第

1期。

[71] 宁欣:《唐初至宋中期城市修建扩建述略——兼论南北地区城市发展之异同》,《扬州大学学报》(人文社会科学版)2006年第2期。

[72] 宁欣:《转型期的唐宋都城:城市经济社会空间的拓展》,《学术月刊》2006年第5期。

[73] 宁欣:《街:城市社会的舞台——以唐长安为中心》,《文史哲》2006年第4期。

[74] 宁欣:《从士人社会到市民社会——以都城社会的考察为中心》,《文史哲》2009年第6期。

[75] 宁欣、陈涛:《唐宋城市社会变革研究的缘起与思考》,《中国史研究》2010年第1期。

[76] 宁欣、陈涛:《"中世纪城市革命"论说的提出和意义——基于唐宋变革论的考察》,《史学理论研究》2010年第1期。

[77] 宁欣:《唐宋城市社会公共空间形成的再探讨》,《中国史研究》2011年第2期。

[78] 宁欣:《论题:对唐宋城市社会阶层变迁的几点思考》,《历史教学问题》2016年第3期。

[79] 宁欣:《唐代城市流动人口与户籍管理》,《光明

日报》2017年6月26日第14版。

［80］ 宁欣:《变革视野下的唐宋社会阶层及其变动》,《历史教学》2017年第14期。

［81］ 牛来颖:《唐宋建筑构造变化与城市新格局——以接檐建筑为例的研究》,《中国经济史研究》2010年第1期。

［82］ 牛来颖:《〈法苑珠林〉中所见的唐长安里坊与佛寺》,《南都学坛》2010年第2期。

［83］ 牛来颖:《冲突与妥协:建筑环境中的唐宋城市——以〈营缮令〉第宅制度为中心》,《隋唐辽宋金元史论丛》第3辑,2013年。

［84］ 牛来颖:《唐代都城规划市区内部形态再探》,《中国经济史研究》2015年第6期。

［85］ 漆侠:《宋代社会生产力的发展及其在中国古代经济发展过程中的地位》,《中国经济史研究》1986年第1期。

［86］ 荣新江:《高楼对紫陌,甲第连青山——唐长安城的甲第及其象征意义》,《中华文史论丛》2009年第4期。

［87］ 荣新江、李丹婕:《郭子仪家族及其京城宅

第——以新出墓志为中心》,《北京大学学报》（哲学社会科学版）2013年第4期。

[88] 史念海:《中国古都刍议》,《中国古都研究》第3辑, 1987年。

[89] 史念海:《中国古都概说》(一),《陕西师大学报》（哲学社会科学版）1990年第1期。

[90] 史念海:《隋唐时期运河和长江的水上交通及其沿岸的都会》,《中国历史地理论丛》1994年第4辑。

[91] 史念海:《隋唐时期的交通与都会》,《唐史论丛》第6辑, 1995年。

[92] 孙靖国:《唐至辽代桑干河流域城市的发展与分布》,《黄河文明与可持续发展》第6辑, 2013年。

[93] 王曾瑜:《宋朝的坊郭户》,《宋辽金史论丛》第1辑, 1985年。

[94] 王化昆:《唐代洛阳的水害》,《河南科技大学学报》（社会科学版）2003年第3期。

[95] 王静:《妹尾達彦〈長安の都市計画〉》,《唐研究》第9卷, 2003年。

[96] 王永平:《唐代城市居民的文化娱乐生活》,《光

明日报》2017年6月26日第14版。

[97] 魏明孔:《唐代坊市及其变化》,《光明日报》2017年6月26日第14版。

[98] 吴晓亮:《从城市生活变化看唐宋社会的消费变迁》,《中国经济史研究》2005年第4期。

[99] 吴晓亮:《唐宋国家市场管理模式变化研究——以唐代"市"和宋代"税务"为对象的历史考察》,《中国经济史研究》2007年第4期。

[100] 吴晓亮、王浩禹、赵大光:《先秦至唐宋屋舍之税嬗变研究》,《清华大学学报》(哲学社会科学版)2015年第5期。

[101] 肖建乐:《唐代城市发展动力初探》,《思想战线》2007年第4期。

[102] 肖建乐:《唐代后期市民阶层的形成》,《东南文化》2007年第6期。

[103] 肖建乐:《试论唐代城市发展的原因》,《云南民族大学学报》(哲学社会科学版)2008年第1期。

[104] 肖建乐:《唐代城市发展及其推动力量浅析》,《光明日报》2014年8月6日第14版。

[105] 萧正洪:《历史起点、当代情怀和世界眼光——中国古都学研究的新思维》,《中国古都研究》第31辑,2016年。

[106] 辛德勇:《大明宫西夹城与翰林院学士院诸问题》,《陕西师大学报》(哲学社会科学版)1987年第4期。

[107] 辛德勇:《隋唐时期长安附近的陆路交通》,《中国历史地理论丛》1988年第4辑。

[108] 辛德勇:《汉唐期间长安附近的水路交通》,《中国历史地理论丛》1989年第1辑。

[109] 辛德勇:《〈冥报记〉报应故事中的隋唐西京影像》,《清华大学学报》(哲学社会科学版)2007年第3期。

[110] 严耕望:《唐代国内交通与都市》,《大陆杂志》1954年第8卷第4期。

[111] 姚培锋、陈国灿:《南宋时期江浙城市的贫困救助》,《浙江学刊》2011年第4期。

[112] 殷淑燕、黄春长、仇立慧、贾耀锋:《历史时期关中平原水旱灾害与城市发展》,《干旱区研究》2007年第1期。

[113] 殷淑燕、黄春长:《唐代长安与洛阳都城水旱灾害对比研究》,《干旱区资源与环境》2008年第11期。

[114] 于赓哲:《中国中古时期城市卫生状况考论》,《武汉大学学报》(人文科学版)2015年第3期。

[115] 张冠增:《城市史的研究——21世纪历史学的重要使命》,《神州学人》1994年第12期。

[116] 张广达:《内藤湖南的唐宋变革说及其影响》,《唐研究》第11卷,2005年。

[117] 张国刚:《二十世纪隋唐五代史研究的回顾与展望》,《历史研究》2001年第2期。

[118] 张剑光:《六朝唐五代江南城市市场的形制与变化》,《唐史论丛》第15辑,2012年。

[119] 张剑光、邹国慰:《六朝隋唐五代江南城市的市政和社会管理》,《江汉论坛》2013年第2期。

[120] 张剑光:《隋唐五代江南城市的基本面貌与发展趋势》,《史林》2014年第1期。

[121] 张剑光:《唐五代江南的城市灾害与社会应对》,《陕西师范大学学报》(哲学社会科学版)2015年第1期。

［122］ 张剑光:《宋人视域中的唐五代城市商业及其发展变化——以笔记资料为核心的探讨》,《思想战线》2017年第4期。

［123］ 张萍:《古代城市形态研究的两个维度》,《历史研究》2014年第6期。

［124］ 张全明:《论北宋开封地区的气候变迁及其特点》,《史学月刊》2007年第1期。

［125］ 张天启、张剑光、邹国慰:《唐五代江南城市的园林建设及其特点探析》,《江西社会科学》2014年第4期。

［126］ 张泽咸:《唐代城市构成的特点》,《社会科学战线》1991年第2期。

［127］ 赵雨乐:《北宋的都市文化:以相国寺为研究个案》,《新宋学》第2辑,2003年。

［128］ 周宝珠:《北宋东京的园林与绿化》,《河南师大学报》(社会科学版)1983年第1期。

［129］ 周宝珠:《宋代城市行政管理制度初探》,《宋辽金史论丛》第1辑,1985年。

［130］ 周怀宇:《论隋唐五代淮河流域城市的发展》,《安徽大学学报》(哲学社会科学版)2001年

第 3 期。

[131] 朱启銮、夏万年:《关于制订古都学研究规范的建议》,《中国古都研究》第 3 辑,1987 年。

[132] 邹逸麟:《历史时期黄河流域的环境变迁与城市兴衰》,《江汉论坛》2006 年第 5 期。

[133] 〔美〕熊存瑞:《古代中国城市史研究的新进展》,蔡云辉译,《城市史研究》第 23 辑,2005 年。

[134] 〔日〕妹尾達彥:《唐長安城の儀礼空間——皇帝儀礼の舞台を中心に》,《東洋文化》第 72 號,1992 年。

[135] 〔日〕妹尾达彦:《大明宫的建筑形式与唐后期的长安》,《中国历史地理论丛》1997 年第 4 辑。

[136] 〔日〕妹尾达彦:《关中平原灌溉设施的变迁与唐代长安的面食》,《中国历史地理论丛》1999 年增刊。

[137] 〔日〕妹尾達彥:《恋をする男——九世紀の長安における新しい男女認識の形成》,《アヅア史研究》第 26 號,2002 年。

[138] 〔日〕妹尾達彥:《恋愛——唐代における新し

い両性認識の構築》,《唐代史研究》第 6 号,2003 年。
[139]〔日〕木田知生:《关于宋代城市研究的诸问题——以国都开封为中心》,冯佐哲译,《河南师大学报》(社会科学版)1980 年第 2 期。
[140] Arthur F. Wright. "Symbolism and Function: Reflections on Changan and Other Great Cities", *The Journal of Asian Studies*, Vol. 24, No. 4 (Aug., 1965).

后 记

10年前,笔者曾执笔撰写了《唐宋城市社会变革研究的缘起与历程》,收入李华瑞教授主编的《"唐宋变革"论的由来与发展》一书,由天津古籍出版社于2010年出版。10年来,有关唐宋城市社会变革的研究有了不少新进展。此次,笔者对10年前的旧作一是加以订正、删改,二是进行增补、完善。虽然小书挂一漏万,仍有不足,但是希望能够对读者认识和了解唐宋城市社会变革的研究有所裨益。

感谢河南人民出版社,感谢本书的责任编辑冯景莹女士为本书的出版所付出的辛苦。

陈涛
2019年3月